Rerum novarum

Due prospettive liberali sulla proprietà e la libertà

◆ ✧ ◆

Robert A. Sirico
Beniamino Di Martino

Monolateral

ISBN: 978-1-946374-04-2 (brossura)
ISBN: 978-1-946374-05-9 (Kindle)
ISBN: 978-1-946374-06-6 (EPUB)

Prima edizione: gennaio 2018

Copyright © 2017 Robert A. Sirico, Beniamino Di Martino

Proprietà Letteraria Riservata

Il presente testo può essere usato esclusivamente per finalità di carattere personale. I diritti di commercializzazione, di traduzione, di memorizzazione elettronica, di adattamento e di riproduzione totale o parziale con qualsiasi mezzo sono riservati per tutti i Paesi.

L'immagine di copertina è stata creata circa l'anno 1878 dalla National Bureau of Engraving (USA). Ora fa parte della collezione della Library of Congress (USA), che non conosce alcuna restrizione sulla sua riproduzione. http://www.loc.gov/pictures/item/2009633800/

Monolateral
https://monolateral.com
PO Box 940451
Plano, TX 75094 (USA)

Indice

Robert A. Sirico

1. **Il diritto alla proprietà privata e alla libertà religiosa: rafforzare i legami reciproci**   9
1.1. Una panoramica della proprietà privata nella tradizione occidentale e cattolica
1.1.1. I filosofi della legge naturale   9
1.1.2. Scritture   11
1.1.3. San Tommaso d'Aquino   12
1.1.4. *Rerum novarum*   14
1.2. Proprietà e libertà religiosa   16
1.2.1. Proprietà, libertà economica, e libertà religiosa   17
1.2.2. Le minacce contemporanee alla libertà religiosa   19
1.2.3. Proprietà privata e famiglia   21

Beniamino Di Martino

2. **La *Rerum novarum* nel contesto del magistero sociale di Leone XIII**   25
2.1. Introduzione
2.2. Tra liberalismo e socialismo   32
2.3. Azione politica e proprietà individuale   42
2.4. Questione operaia e questione salariale   51
2.5. Considerazioni conclusive   61

Bibliografia   65

Indice analitico   71

Rerum novarum

Due prospettive liberali
sulla proprietà e la libertà

1

Robert A. Sirico

Il diritto alla proprietà privata e alla libertà religiosa: rafforzare i legami reciproci

1.1. Una panoramica della proprietà privata nella tradizione occidentale e cattolica[1]

1.1.1. I filosofi della legge naturale

Vale la pena notare che lo sviluppo storico del concetto di proprietà privata e della sua tutela giuridica, in parte, deriva da sfide che essa ha dovuto affrontare, come i tentativi di ladri e despoti di confiscarla, espropriarla o controllarla. In questo modo si può sostenere che il possesso personale di una proprietà è qualcosa anteriore al di sopra della legge, qualcosa per cui è stata creata la legge per tutelarla. È qualcosa che la giustizia è portata a proteggere quando questa sensibilità innata viene sfidata in qualche modo.

In questo senso lo sviluppo di un diritto giuridico e filosofico alla proprietà privata non è dissimile a quello della dottrina che, nel corso della storia, progredisce e diventa più chiara e

---

[1] Testo scritto per commemorare il 125° anniversario della *Rerum novarum*. Intervento di p. Sirico alla conferenza dell'*Acton Institute for the Study of Religion and Liberty*, "Libertà unita alla giustizia: *Rerum novarum* e le novità del nostro tempo", tenuto il 20 aprile 2016 a Roma, Italia.

definita quando un punto del dogma è posto sotto accusa, o quando si pongono nuove domande riguardo ad esso e alla Chiesa, agendo come se attingesse da "dentro il suo DNA", man mano riaffermando, chiarendo o ampliando quella verità della fede. «Lo sviluppo della teologia dogmatica» nella Chiesa primitiva, dice il beato John Henry Newman (1801–1890), non era «un processo silenzioso e spontaneo», ma «è stato forzato e trainato su aspre polemiche»[2]. Così, storicamente, quando il diritto di proprietà è stato sfidato i suoi difensori hanno contribuito a chiarire il suo significato, il suo carattere e le sue limitazioni.

Gli studiosi della legge naturale, pur non essendo d'accordo su ogni minimo dettaglio, hanno utilmente spiegato il diritto alla proprietà privata. Un primo approccio sta nel sostenere che la proprietà ottiene un senso di valore morale nella misura in cui strutture di proprietà esclusiva hanno valore strumentale – cioè, esse danno alla gente la possibilità di impiegare la propria ragione pratica per raggiungere il loro benessere[3].

Poiché gli esseri umani vivono usando la loro ragione e sono legati al mondo materiale per la loro capacità di ragionare più che per i loro istinti, le persone fanno progetti per soddisfare i loro bisogni. Quindi, un modo in cui le persone "costituiscono" se stesse è attraverso l'uso delle loro proprietà. L'autorità della proprietà privata, quindi, non deriva solo dal diritto positivo, ma anche dalle esigenze della fioritura umana.

Sulla base di tale modo di ragionare, una più profonda comprensione di un utilizzo generale gratuito della proprietà privata può essere vista secondo il suo effetto sociale, nella misura in cui tale utilizzo aumenta la base di conoscenze della società

---

[2] JOHN HENRY NEWMAN, *An Essay on the Development of Christian Doctrine*, 1845, 12,4.
[3] ADAM J. MACLEOD, *Property and Practical Reason*, Cambridge University Press, Cambridge 2015, p. 1-11.

stessa, attraverso le istituzioni dello scambio e dei prezzi e altri modi che permettono alle persone di esprimere le proprie preferenze soggettive e impiegare le proprie conoscenze.

Tutto questo per dire che è incorporato nella percezione che l'essere umano ha di sé il concetto di "mio e tuo", e tali espressioni esistono in ogni lingua conosciuta. Il possesso è quindi legato al senso di sé. A tale proposito, la responsabilità primaria dello Stato è quella di affermare, garantire e codificare questa percezione di sé. Il senso di sé, sia come un essere individuale che sociale, è la vera origine della proprietà privata, in quanto svolge una funzione personale nonché sociale. La proprietà può essere personale (la mia mela che mangio e che sazia la mia fame), o può essere sociale (come nel caso di una fabbrica di cui sono titolare e che fornisce i prodotti desiderati dai miei clienti).

1.1.2. Scritture

È ampiamente riconosciuto che le preoccupazioni religiose e morali sono state cruciali per la formazione del concetto e dell'uso della proprietà nel mondo occidentale[4]. I precetti teologici e giuridici presentati nella Genesi, nell'Esodo e nella Legge mosaica sono fondamentali per la maniera in cui trattiamo la proprietà nella nostra filosofia e nella nostra legge[5]. Il riconoscimento dei diritti di proprietà è forse più evidente nelle censure del Decalogo contro il furto e la cupidigia; anche il Levitico e il Deuteronomio sono pieni di regole che si applicano al possesso e all'uso della proprietà.

---

4 Cfr. come esempio illustrativo il libro di Andrew Reeve, *Property*, Humanities Press International, Atlantic Highlands (New Jersey) 1986, p. 51-57; Francis Fukuyama, *The Origins of Political Order: From Prehuman Times to the French Revolution*, Farrar, Straus and Giroux, New York (N. Y.) 2011, cap. 17-19.
5 Wolfgang Grassl, *Property*, Acton Institute, Grand Rapids (Michigan) 2012, cap. 1.

Come sempre, l'approccio del cristianesimo al concetto di proprietà è basato sulla fondamenta del giudaismo. I famosi passaggi sulla proprietà comune nei primi capitoli degli Atti degli Apostoli sono a volte utilizzati come prova che il cristianesimo primitivo è, in sostanza, del tutto simile al socialismo. Un'esegesi seria del testo e del contesto storico degli Atti degli Apostoli giunge a una conclusione diversa. Il linguaggio usato in Atti 2,43-47 non indica «una volta per tutte» le azioni, ma invece «atti regolari periodici di carità in base alle esigenze del momento». La narrativa indica, inoltre, che tali atti erano volontari e che non c'era alcun obbligo, né del fatto che ogni primo cristiano avrebbe dovuto rinunciare completamente ai suoi beni e versare il ricavato su un conto comune[6].

Il racconto negli Atti degli Apostoli delinea i principi di un atteggiamento cristiano verso la proprietà: gestione, generosità, carità. Ma non lede il diritto basilare della proprietà personale che è stato profondamente radicato nella Legge Antica e nel Decalogo, quest'ultimo particolarmente rimarcato dai primi cristiani.

1.1.3. SAN TOMMASO D'AQUINO

Come ha fatto per altre questioni, nelle sue argomentazioni sulla proprietà privata, Tommaso (1225–1274) sintetizza sia la teologia giudaico-cristiana che la tradizione filosofica classica. Tommaso colloca la proprietà nel contesto del ruolo unico dell'uomo nell'ordine della creazione materiale in virtù della sua volontà e del suo intelletto. Egli insiste sul fatto che questa realtà esistenziale implica che, fin dal principio, l'uomo ha usato a buon diritto le risorse naturali per sostenere la vita.

---

6 ART LINDSLEY, *Does Acts 2-5 Teach Socialism?*, Institute for Faith, Work, and Economics, McLean (Virginia) 2012 (www.tifwe.org). Ho preso la citazione di Lindsley da CRAIG L. BLOMBERG, *Neither Poverty Nor Riches: A Biblical Theology of Possessions*, Intervarsity Press, Downers Grove (Illinois) 1999, p. 162-165.

La proprietà privata, per l'Aquinate, tende a promuovere un uso responsabile e prudente delle cose materiali attraverso una corretta ed efficiente gestione per il sostentamento della vita[7]. Inoltre, sostiene che l'ordine pacifico e giusto della società può essere conseguito meglio sotto un regime di proprietà privata che sotto uno basato principalmente sul possesso comune oppure sull'insicurezza della proprietà privata[8].

Secondo Tommaso d'Aquino, la proprietà privata rende possibile una comunicazione reciproca delle necessità e tende verso il raggiungimento della destinazione universale delle cose materiali che sono state date da Dio a tutta l'umanità[9]. Questo caratterizza l'intera tradizione cristiana e contrasta con le affermazioni degli oppositori della proprietà privata: la sicurezza della proprietà, attraverso la promozione dell'iniziativa economica, consentendo lo scambio economico, rende possibile la realizzazione della destinazione universale dei beni. Senz'altro, l'avidità, la frode, la corruzione e l'ingiustizia nell'acquisto e nell'uso di proprietà possono vanificare questo risultato, ma la risposta a questi problemi non è l'annientamento della proprietà; la risposta giusta è invece la promozione della virtù e per i poveri e i vulnerabili in particolare una difesa più forte dei *loro* diritti di proprietà.

Il *Catechismo della Chiesa Cattolica* riassume succintamente questa idea di gestione, proprietà privata e promozione del bene comune: «L'appropriazione dei beni è legittima al fine

---

[7] «Ciascuno è più sollecito nel procurare ciò che appartiene a lui esclusivamente che non quanto appartiene a tutti, o a più persone: poiché ognuno, per sfuggire la fatica, tende a lasciare ad altri quanto spetta al bene comune...» (TOMMASO D'AQUINO, *Somma Teologica*, II-II, q .66, art. 2).
[8] «Le cose umane si svolgono con più ordine se ciascuno ha il compito di provvedere a una certa cosa mediante la propria cura personale, mentre ci sarebbe disordine se tutti indistintamente provvedessero a ogni singola cosa... vediamo che tra coloro che possiedono qualcosa in comune spesso nascono contese» (TOMMASO D'AQUINO, *Somma Teologica*, cit.).
[9] TOMMASO D'AQUINO, *Somma Teologica*, cit.

di garantire la libertà e la dignità delle persone, di aiutare ciascuno a soddisfare i propri bisogni fondamentali e i bisogni di coloro di cui ha la responsabilità» (n. 2402). Naturalmente la Chiesa non ha mai detto che i diritti di proprietà sono assoluti. Ma resta l'idea che, normalmente, la proprietà privata è il mezzo attraverso il quale si realizza lo scopo universale dei beni materiali.

1.1.4. *Rerum novarum*

La stella polare della dottrina della Chiesa contemporanea sulla proprietà è la *Rerum novarum* di Leone XIII (1878-1903). Fin dall'inizio, Leone XIII vede la maniera con cui le imprese, l'economia, la politica, la famiglia, gli affari e la fede cattolica si uniscono tutte in un'importante serie di domande; domande che la Chiesa, in quel suo tempo, ha dovuto affrontare. È notevole come nel nostro tempo ci sia una tale confluenza di fattori simili. Pur riconoscendo le sfide che hanno accompagnato l'industrializzazione, tra cui lo sfruttamento dei lavoratori e la condizione dei poveri, Leone XIII ammonisce contro i subdoli tentativi dei socialisti di sfruttare la situazione, indebolendo i diritti di proprietà privata (cfr. *Rerum novarum*, n. 4-15).

L'autore della *Rerum novarum* è stato anche autore di *Aeterni patris*; quindi, non è una sorpresa se la maniera in cui Leone XIII tratta la proprietà segue in gran parte quella di Tommaso d'Aquino. Leone XIII radica il diritto alla proprietà privata nella legge naturale, annotandone il comune riconoscimento: «a ragione pertanto il genere umano, senza affatto curarsi dei pochi contraddittori e con l'occhio fisso alla legge di natura, trova in questa legge medesima il fondamento della divisione dei beni; e riconoscendo che la proprietà privata è sommamente consona alla natura dell'uomo e alla pacifica convivenza sociale» (n. 8). Egli conclude che il principio dell'«inviolabilità del diritto di proprietà è indispensabile» (n. 35).

La difesa forte della proprietà privata che fa Leone XIII non aveva nulla a che fare con l'ammirazione per mercati completamente sregolati o con la fedeltà alla classe dei ricchi proprietari terrieri europei e uomini d'affari. Invece ha riconosciuto che il possesso – non solo di beni personali, ma anche delle proprietà comuni delle famiglie, delle congregazioni religiose, delle chiese e di altri gruppi – consente di salvaguardare la libertà e l'integrità sia delle singole persone che di enti come la Chiesa.

Nella *Rerum novarum*, il papa ha espresso una preoccupazione che vale tanto oggi quanto un secolo e mezzo fa. Già nel 1891, Leone XIII ha visto il pregiudizio secolare contro le organizzazioni caritatevoli della Chiesa, non contro un qualsiasi male che perpetuano, ma contro il bene che esse svolgono «soprattutto ai nostri tempi» (n. 39). «In molti luoghi, e in molti modi», egli continua «lo Stato ha leso i diritti di tali comunità, avendole sottoposte alle leggi civili» (n. 39).

Leone si riferisce sicuramente ai tentativi per sopprimere gli ordini religiosi in vari paesi in tutta Europa, tra cui l'Italia. I regimi illiberali credevano che lo Stato potesse fornire mezzi più "efficienti" per assistere i poveri in confronto a quelli "antiquati" amministrati da ordini religiosi nelle loro opere di carità. Questo avrebbe anche potuto, non a caso, allargare il potere dello Stato, a scapito delle fonti di azione e di autorità indipendenti, vale a dire la Chiesa e i suoi istituti di vita religiosa.

Bisogna sottolineare questo fatto, siccome la sua storia si estende oltre il XIX secolo e le sue lezioni sono perenni. Quando Enrico VIII (1491–1547) chiuse i monasteri d'Inghilterra, distrusse anche il sistema di assistenza caritatevole che essi fornivano. Durante il regno di Elisabetta (1533–1603) questo fu attuato quando tale assistenza venne realizzata tramite le *Poor Laws* ("leggi sulla povertà").

Anche se le ragioni complesse che hanno portato all'ascesa dello Stato assistenziale non si riducono semplicemente alla chiusura dei monasteri inglesi, è vero che l'agitazione associata alla Riforma «ha distrutto gran parte del tessuto istituzionale, che aveva aiutato i poveri in passato: monasteri, gilde e fraternità»[10]. Le proprietà della Chiesa e la sua missione sociale sono strettamente legate, e insieme erano una minaccia per il potere statale unitario.

Questi collegamenti illustrano il motivo per cui la Chiesa deve resistere alla tentazione di permettersi di diventare un prolungamento dello Stato nelle sue opere di carità. Strada facendo, sia il benessere dei poveri che l'indipendenza della Chiesa, sono minati.

1.2. Proprietà e libertà religiosa

La libertà religiosa è spesso e giustamente associata ai diritti attenenti alla libertà per perseguire la verità (cfr. *Dignitatis humanae*). Minore attenzione è stata data al rapporto tra la libertà religiosa e la proprietà privata. Questa è una dimensione pratica dei diritti di proprietà. La possibilità di fondare e gestire istituzioni private fornisce alla fede i mezzi per influenzare la società e dare forma alla cultura.

Spesso, nelle discussioni sul diritto alla proprietà privata, viene ricordato che la proprietà privata non è un "diritto assoluto". Mentre si possono trovare numerose citazioni sui "diritti assoluti" in fonti accademiche[11], per i cattolici essi possono essere intesi nel senso che nessuno può intenzionalmente scegliere di violare quelli che san Giovanni Paolo II (1920–2005) chiama «beni fondamentali» (*Veritatis splendor*, n. 48.50). La formulazione è importante perché sappiamo che ci sono casi

---

10 Paul Slack, *The English Poor Law, 1531-1782*, Macmillan, London 1990, p. 16.
11 Cfr. Natasa Mavronicola, *Human Rights*, in «Law Review», Oxford University Press, 30 november 2012, p. 723-758; cfr. anche l'articolo di

legittimi in cui si può scegliere di agire in un modo che porta, per esempio, alla morte di un altro individuo. Una vita può, per esempio, essere tolta per legittima difesa qualora l'unico modo in cui posso proteggere la mia vita è quello di agire in un modo che provoca la morte della persona che tenta di togliermi la vita. La stessa logica dell'intenzionalità, lo scopo di un'azione e gli effetti collaterali sono alla base dell'insegnamento storico della Chiesa sulla pena capitale.

Ma a parte tutto questo, è davvero difficile trovare qualcuno che sostiene davvero che il diritto alla proprietà privata è assoluto, se si intende senza limiti morali o giuridici. Come già detto, la Chiesa cattolica ha sempre sostenuto che la proprietà privata serve la destinazione universale dei beni materiali. Detto questo, penso che dietro l'insistente sottolineatura di molte persone secondo cui il diritto di proprietà non è assoluto ci sia il desiderio meno nobile di aumentare le circostanze in cui questo diritto non venga applicato o venga negato oppure per fare una distinzione tra i diritti di proprietà e i diritti umani – come se questi fossero due specie di diritti radicalmente diverse. Mentre viene facilmente ammesso che la persona come essere spirituale gode di un primato sulla dimensione puramente materiale della creazione, fare questa distinzione netta nel caso dei diritti di proprietà nasconde un malinteso sulla fonte e sul significato di tali diritti. Come detto in precedenza, i diritti di proprietà sono "sacrosanti" (per usare la terminologia di Leone XIII) proprio a causa della relazione tra la proprietà e la persona umana.

1.2.1. Proprietà, libertà economica, e libertà religiosa

Il legame tra la proprietà e la libertà religiosa può essere ulteriormente elaborato esaminando l'importanza della libertà

Alan Gewirth, *Are There any Absolute Rights?*, in «Philosophical Quarterly», January, 1981, vol. 31, n. 122, p. 1-16.

economica per la fioritura umana. La libertà economica permette alle persone di stabilire obiettivi soggettivi che loro ritengono degni di essere perseguiti. Quindi è pericoloso separare la libertà economica da altre forme di libertà, compresa la libertà religiosa, perché la libertà economica, come altre forme di libertà, permette agli individui e alle istituzioni religiose di perseguire beni spirituali e impegnarsi a esaminare la questione della verità. Dopo tutto, il desiderio dell'uomo di conoscere e vivere la verità è, come il Concilio Vaticano II afferma chiaramente, *proprio il fondamento* della libertà religiosa (*Dignitatis humanae*, n.2-3).

Ci sono molti possibili esempi di modi in cui il disprezzo per il diritto di proprietà può avere un impatto negativo negativamente sulla libertà religiosa. Due esempi sono i seguenti.

1. Le leggi di esproprio, come vengono chiamate nel mondo anglo-americano. Come Ilya Somin (1973–viv.) ha sottolineato, l'abuso dell'esproprio può far diminuire non solo la libertà delle chiese di compiere la loro missione, ma può anche avere delle conseguenze sulle famiglie sostenute dalle istituzioni religiose. Questo è dovuto al modo in cui certi gruppi di interessi particolari sono incentivati quando, in nome dello sviluppo economico, i contribuenti e non le imprese beneficiarie sono autorizzati a prendere le proprietà "condannate". Osserviamo la stessa situazione quando tali beneficiari non sono tenuti a fornire i benefici economici promessi alla comunità e quando per una comunità i costi dell'esproprio di una proprietà superano qualsiasi beneficio economico per quella stessa comunità[12].

2. Licenza professionale. Per molti lavori, sono necessarie delle licenze per lavorare legalmente. Così la capacità degli individui di sostenere sé e le proprie famiglie è subordinata

---

12 ILYA SOMIN, *The Grasping Hand: Kelo v. City of New London and the Limits of Eminent Domain*, University of Chicago Press, Chicago (Illinois) 2015, p. 74-84.

all'approvazione dello Stato. Quando lo Stato – o organizzazioni simili alle gilde che operano come un prolungamento dello Stato per la concessione delle licenze – controlla l'accesso ai mestieri e alle professioni, c'è una tentazione di perdere l'obiettivo del bene comune e concedere benefici a coloro che sono già in posizioni sicure. Questa situazione ha un impatto devastante sugli emarginati per cui è particolarmente difficile completare tutti i requisiti per conseguire le licenze necessarie. In un clima di ostilità alle verità morali attinenti alla Rivelazione e a quelle che si possono conoscere tramite la "retta ragione", tali licenze diventano uno strumento per disciplinare i credenti. Questo è diventato evidente in diversi settori, come per esempio, diritto, farmacia, medicina, istruzione e terapia psicologica. Considerate come questo potrebbe diventare molto diffuso e incisivo sulla vita di famiglie, lavoratori e imprenditori, a seconda di chi controlla il sistema politico[13].

1.2.2. LE MINACCE CONTEMPORANEE ALLA LIBERTÀ RELIGIOSA

Come mostrato nel secondo esempio, la libertà economica diventa più, non meno importante, mentre l'ambiente diventa meno ospitale per la religione. Parlando in primo luogo dall'esperienza della Chiesa in America, il legame basilare tra la proprietà e la libertà religiosa è stato dato per scontato – e quindi ampiamente ignorato – per gran parte del XX secolo, perché una cultura e un sistema legale fondamentalmente amichevole non mostravano spesso e palesemente la fragilità della Chiesa per quanto riguarda la sua indipendenza e libertà di azione. Nel tardo XX secolo, questo ha cominciato a cambiare per tutto il gruppo dei credenti religiosi.

Il clima sempre più ostile nei confronti di un'autentica e forte libertà religiosa si è manifestato in diversi modi. Importanti

---

13 Cfr. MILTON FRIEDMAN, *Capitalism and Freedom*, University of Chicago Press, Chicago (Illinois) 1962, p. 138.

figure intellettuali e politiche hanno dato grande importanza alla "libertà di culto", piuttosto che alla nozione più ampia di "libertà religiosa". Questo tratta di accettare implicitamente la nozione laicista secondo cui la religione è un fenomeno strettamente limitato alla sfera privata, ad esempio per il culto che resta semplicemente circoscritto tra le quattro mura di una chiesa. Uno dei nostri principali candidati alla presidenza americana ha detto, in una discussione in cui si parlava dell'eliminazione di alcune convinzioni religiose come il matrimonio tra un uomo e una donna o la peccaminosità degli atti omosessuali: «... codici culturali, convinzioni religiose e pregiudizi strutturali profondamente radicati devono essere cambiati». Con lo stesso spirito, il sindaco di una grande città ha avviato le procedure legali per obbligare tutti i pastori della sua città a consegnargli le loro omelie per essere riviste in modo che sui pulpiti non venga detto nulla di "discriminatorio" o "cattivo" nei confronti di gruppi protetti.

Di fronte alla crescente incertezza legale e culturale della libertà religiosa, la necessità di forti diritti di proprietà per le istituzioni ecclesiastiche è diventata più evidente. Quello che segue è un breve elenco dei modi in cui la libertà economica della Chiesa – tra cui il diritto di cedere dei propri beni liberamente – è stata attaccata e, strada facendo, anche la sua stessa missione e natura si trovano in pericolo. In Arizona, un pastore protestante è stato arrestato perché dava lezioni bibliche nella sua casa. Le autorità hanno sostenuto che, così facendo, ha violato le leggi che vietano le assemblee regolari in case private. Negli Stati di Pennsylvania, Washington, e molti altri luoghi, diocesi cattoliche con problemi finanziari non sono state in grado di gestire le loro proprietà in modo responsabile a causa di avversari che utilizzano codici di conservazione del patrimonio storico per impedire le modifiche, la vendita o la demolizione di strutture appartenenti alla Chiesa. Negli Stati di Massachusetts, Illinois e in altre giurisdizioni, alcuni enti di adozione cattolici sono stati costretti ad abbandonare i loro servizi a causa dell'ordine di far adottare i bambini anche a coppie omosessuali. Queste imposizioni hanno vigore perché lo Stato controlla il rilascio delle licenze per di tali agenzie. In un caso che continua ad essere contestato, si stanno attuando pressioni per costringere le Piccole Sorelle dei Poveri (un istituto religioso dedicato a fornire assistenza agli anziani e ai moribondi) ad utilizzare forme di assicurazione sanitaria che prevedono la copertura di atti che violano la dottrina morale cattolica. Questo cosiddetto "HHS mandate" è una disposizione della legge di riforma sanitaria approvata dal governo di Obama, che ha dato origine a una serie di minacce alla libertà religiosa. Aziende gestite da cristiani, collegi religiosi, e altre istituzioni hanno tutti sfidato l'"HHS mandate" sulla base di queste condizioni.

1.2.3. Proprietà privata e famiglia

Papa Leone XIII ha sottolineato la stretta relazione tra proprietà e famiglia. Si tratta di un rapporto compreso bene dai nemici della famiglia.

I progenitori del marxismo economico e culturale hanno riconosciuto i legami tra la famiglia tradizionale e la proprietà privata. Nelle considerazioni di Friedrich Engels (1820–1895) sulla storia, il nucleo famigliare emerge nell'ultima fase del capitalismo e come risultato dello sviluppo di un sistema di classe costruito sulla monogamia matrimoniale e la proprietà privata. Per Engels, questo deve essere distrutto per far emergere una società completamente egualitaria. L'elemento chiave del pensiero di Engels è che le relazioni economiche hanno inquinato la sfera precedentemente incontaminata della sessualità facendo nascere un regime di proprietà privata progettata per proteggere il patriarcato e la vita familiare borghese.

Engels quindi ha una visione davvero cinica del "matrimonio borghese". Ha sostenuto che era necessario paragonare i mariti alla borghesia e le mogli al proletariato e, per il bene della parità tra i sessi, liberare la donna dalla casa. «Questo a sua volta richiede che la caratteristica della famiglia monogamica come unità economica della società venga abolita»[14]. In un'espressione sintetica dei legami che ho cercato di sottolineare, Engels si riferisce alla visione di riforma sociale dell'utopistico socialista Robert Owen (1771–1858) e alla lista dei tre maggiori ostacoli: «la proprietà privata, la religione e l'attuale forma del matrimonio»[15].

In un certo senso Engels vede ciò che molti nel dibattito contemporaneo non riescono a vedere: che la proprietà privata è l'istituzione che *propriamente* può e deve rafforzare la famiglia e viceversa. L'alternativa, amore libero sotto un regime socialista, creerà il caos nella misura in cui mancherà la capacità di collocare le responsabilità che naturalmente sono delle famiglie ed sottoposte alla proprietà privata. L'economista austriaco Ludwig von Mises (1881–1973) ha sottolineato questa assurdità quando ha scritto: «è certo che, anche se una comunità socialista può portare "libero amore", essa non può in alcun modo far nascere persone libere»[16].

Il contrasto tra la visione della società di Engels e di san Tommaso d'Aquino/papa Leone XIII non potrebbe essere più netto. Quest'ultima vede la proprietà come una salvaguardia della libertà, della prudenza, dell'economia e del benessere della famiglia. Nella tradizione cattolica, la proprietà, correttamente compresa e correttamente regolata, salvaguardia la

---

14 FRIEDRICH ENGELS, *The Origin of the Family, Private Property and the State*, International, New York (N. Y.) 1972, p. 138.
15 FRIEDRICH ENGELS, *Socialism: Utopian and Scientific*, trans. Edward Aveling, Charles H. Kerr & Company, Chicago (Illinois) 1918, p. 72.
16 LUDWIG VON MISES, *Socialism*, trad. J. Kahane, Yale University Press, New Haven (Connecticut) 1950, p. 198.

pace, permette l'armonia nelle attività umane ed è un mezzo per la fioritura umana. È inoltre garante della libertà religiosa, un ruolo che diventa sempre più chiaro mentre il rispetto per il cristianesimo in Europa e nelle Americhe si sgretola sempre di più. I legami tra i diritti di proprietà, la libertà economica e la libertà religiosa sono chiari nella dottrina sociale e sono chiari nella storia. Se li trascuriamo, lo faremo a nostro rischio e pericolo.

2

Beniamino Di Martino

LA *RERUM NOVARUM* NEL CONTESTO DEL MAGISTERO SOCIALE DI LEONE XIII

2.1. INTRODUZIONE

Nei 25 anni di pontificato, Leone XIII (1878–1903)[1] produsse un numero assai elevato di documenti. Solo le encicliche sono ben 86, dalla *Inscrutabili Dei consilio*, promulgata il 21 aprile 1878, alla *Dum multa*, che porta la data del 24 dicembre 1902. Sebbene il nome di papa Pecci[2] sia indissolubilmente legato

---

1 La mattina del 18 febbraio 1878 il cardinale Pecci, accettando il responso del conclave, dichiarò di voler chiamarsi Leone XIII. Si era, in questo modo, concluso un conclave molto breve (un solo giorno) che, nonostante le ipotesi contrarie avanzate in seno al collegio cardinalizio, si svolse a Roma (la contesa con lo Stato italiano aveva indotto non pochi porporati a ritenere più sicura ed opportuna una qualche sede alternativa, lontano dall'Italia).
2 Gioacchino (esattamente Vincenzo, Gioacchino, Raffaele, Luigi) Pecci nacque il 2 marzo 1810 a Carpineto Romano, piccola località del Lazio (a sud di Roma), da una famiglia di piccola nobiltà, penultimo dei sette figli del conte Ludovico Domenico e della contessa Anna Prosperi. Uno dei fratelli maggiori di Gioacchino, Giuseppe (1807–1890), sarà non solo un dotto sacerdote, ma anche uno stimato cardinale (essendo stato chiamato a tale carica dal fratello papa, Giuseppe Pecci può essere considerato l'ultimo "cardinal nipote" della storia). I due fratelli, avviati verso il sacerdozio, studiarono presso i padri gesuiti, ma Gioacchino fu presto orientato

alla *Rerum novarum*, sarebbe un errore concentrarsi sulla sola enciclica relativa alla "condizione operaia", anche soltanto per ciò che concerne l'insegnamento sociale[3].

Anzi, esattamente per meglio avvicinare il documento che, quarant'anni dopo la sua pubblicazione, Pio XI non mancò di definire la «*Magna Charta*, sulla quale deve posare tutta l'attività cristiana nel campo sociale come sul proprio fondamento»[4], è quanto mai utile provare ad abbracciare l'intero *corpus leonianum*.

Una prova di ciò fu offerta dallo stesso Leone XIII quando, sul finire del pontificato, volle ripercorrere il suo magistero richiamando nove sue encicliche. L'ormai novantaduenne papa, nel marzo del 1902, pubblicò una lettera in cui, celebrando il 25° anniversario di ministero petrino, ricordava il proprio intento di indicare nel ritorno alla fede cristiana e alla dottrina della Chiesa la soluzione ai mali che affliggevano il mondo[5]. Questo intento si era manifestato nei documenti magisteriali che Leone XIII enumerava in questo particolare modo: l'enciclica *Aeterni Patris* (1879) sulla filosofia cristiana, la *Libertas praestantissimum* (1888) sulla libertà umana, la

---

verso il lavoro diplomatico e, dopo l'ordinazione sacerdotale avvenuta nel 1837, fu subito inviato come delegato pontificio prima a Benevento poi a Perugia. Già nel 1843 (quindi a soli 33 anni di età), venne consacrato vescovo ed inviato a Bruxelles quale nunzio apostolico. Agli inizi del 1846 venne nominato vescovo di Perugia; nella città umbra rimase per 32 anni sino al conclave apertosi a causa della morte di Pio IX, il pontefice che nel 1853 lo aveva insignito della porpora cardinalizia.

3 Cfr. BENIAMINO DI MARTINO, *La Dottrina Sociale della Chiesa. Principi fondamentali*, Nerbini, Firenze 2016, p. 26–32.

4 PIO XI, Lettera enciclica *Quadragesimo anno* sull'instaurazione dell'ordine sociale cristiano, 15.5.1931, in *Enchiridion delle encicliche/5. Pio XI (1922–1939)*, Edizioni Dehoniane, Bologna 1995, n. 620.

5 LEONE XIII, Lettera apostolica *Annum ingressi* (*Vigesimo quinto anno*) nel venticinquesimo anniversario di assunzione al Pontificato, 19.3.1902, in *Enchiridion delle encicliche/3. Leone XIII (1878–1903)*, Edizioni Dehoniane, Bologna 1999, n. 2146–2184.

Arcanum divinae sapientiae (1880) sul matrimonio cristiano, la *Humanus genus* (1884) sulla massoneria, la *Diuturnum illud* (1881) sui poteri pubblici, la *Immortale Dei* (1885) sulla costituzione cristiana degli Stati, la *Quod apostolici muneris* (1878) sul socialismo, la *Rerum novarum* (1891) sulla questione operaia, la *Sapientiae christianae* (1890) sui principali doveri dei cittadini cristiani[6].

Come si può facilmente notare, Leone XIII forniva un peculiare ordine interpretativo, innanzitutto selezionando queste nove encicliche tra tutti i documenti da lui firmati; poi prediligendo non un'elencazione cronologica, ma una disposizione di natura logica. Commentando il magistero leoniano, il filosofo Augusto Del Noce (1910–1989) si chiedeva «perché nessuno [...] abbia pensato all'edizione delle nove encicliche secondo quell'ordine logico che il papa aveva fissato»[7]. La domanda è senz'altro legittima, ma neanche noi la evaderemo, intendendo procedere in altro modo. Sta di fatto, però, che il papa volle individuare nell'enciclica sulla filosofia cristiana (*Aeterni Patris*, 1879)[8] il punto di partenza logico del suo

---

6 Scriveva il papa: «...Noi, fin dall'esordio del Nostro Pontificato, Ci siamo studiosamente adoperati a mettere in vista e in rilievo i benefici intendimenti della Chiesa, e ad estenderne il più possibile col tesoro delle sue dottrine la salutare azione. E a questo fine furono diretti gli atti precipui del Nostro Pontificato, segnatamente le Encicliche sulla filosofia cristiana, sulla libertà umana, sul matrimonio cristiano, sulla setta dei massoni, sui poteri pubblici, sulla costituzione cristiana degli Stati, sul socialismo, sulla questione operaia, sui principali doveri dei cittadini cristiani e sopra argomenti affini» (*Ibidem*, n. 2167).

7 Augusto Del Noce, *Pensiero della Chiesa e filosofia contemporanea. Leone XIII, Paolo VI, Giovanni Paolo II*, a cura di Leonardo Santorsola, Studium, Roma 2005, p. 77.

8 Per alcuni studiosi l'enciclica sul recupero del tomismo (4 agosto 1879) va addirittura considerata il documento più importante del pontificato di Leone XIII. Esperto conoscitore del pensiero di san Tommaso d'Aquino (1225–1274), Gioacchino Pecci non tardò ad indicare nella reintroduzione del pensiero del Dottore Angelico, la strada per il rinnovamento teologico.

insegnamento sociale⁹. Per quanto la *Aeterni Patris*[10] non possa essere annoverata tra i documenti a tema sociale, pur tuttavia non può essere trascurata anche nell'ottica del magistero sociale di Leone XIII perché essa, ripromettendosi il ritorno alla filosofia di Tommaso d'Aquino, intendeva porre le basi anche del rinnovamento civile[11]. Infatti – come ha sostenuto Étienne Gilson (1884–1978) commentando l'enciclica –, ogni programma di riforma sociale non può che partire da una buona riforma intellettuale[12].

Sin dall'avvio del ministero romano, papa Pecci si era dimostrato pienamente convinto della oscurità dei tempi e della necessità di spendere ogni sforzo per ristabilire l'ordine che la rivoluzione aveva sovvertito. Sotto questo aspetto, "sovvertimento rivoluzionario" e "restaurazione dell'ordine" sono due concetti così presenti nel pontificato di Leone XIII che pongono questo in continuità con quello di Pio IX.

È stato fatto spesso notare che le due figure hanno espresso orientamenti differenti[13]; a volte sono state messe in luce vere

---

D'altra parte la *philosophia perennis* veniva indicata anche come il rimedio contro la rivoluzione delle idee; in questo modo, il ristabilimento della filosofia tomistica si poneva a fondamento della restaurazione morale, politica e sociale. Cfr. *Enciclica "Aeterni Patris" di Leone XIII. 1878–1978*, presentazione di Sofia Vanni Rovighi, Vita e Pensiero, Milano 1979.

9 Cfr. Massimo Introvigne, *La dottrina sociale di Leone XIII*, Fede & Cultura, Verona 2010, p. 10–12.20.

10 Cfr. Leone XIII, Lettera enciclica *Aeterni Patris* sul rinnovamento della filosofia tomista nelle scuole, 4.8.1879, in *Enchiridion delle encicliche/3. Leone XIII (1878–1903)*, Edizioni Dehoniane, Bologna 1999, n. 49–110.

11 Cfr. Sergio Luppi, *La "Aeterni Patris" e la battaglia delle idee*, in «Cristianità», anno 7 (1979), n. 55 (novembre), p. 4–6.

12 Cfr. Étienne Gilson, *Le Philosophe et la Théologie*, Fayard, Paris 1960, p. 192.

13 Cfr. Gabriele De Rosa, *Il movimento cattolico in Italia. Dalla Restaurazione all'età giolittiana*, Laterza, Bari 1988, p. 99–114.

e proprie contrapposizioni[14]. Tutto ciò non va certamente sottovalutato, ma va innanzitutto tenuto presente che, nonostante l'ampio arco di tempo abbracciato dai due pontefici[15], entrambi si sono rigorosamente attenuti ad una medesima visione della storia.

Sono ben note le posizioni di Pio IX, ma sarebbero troppi i passi di Leone XIII che possono essere affiancati ai testi del suo predecessore. Ci limitiamo alle parole con cui papa Pecci diede avvio al pontificato e alle parole presenti nella lettera con cui, nel 1902, riassumeva il suo ministero. Nella *Inscrutabili Dei consilio*, scritta poche settimane dopo l'elezione, il nuovo papa così mostrava il suo stato d'animo: «si presenta al Nostro sguardo il triste spettacolo dei mali che da ogni parte affliggono il genere umano: questo così universale sovvertimento dei principi dai quali, come da fondamento, è sorretto l'ordine sociale»[16]. E venticinque anni dopo, un anno prima della morte, l'anziano pontefice, con un medesimo tono, si domandava:

> chi può infatti ignorare quanto larga cospirazione di forze miri oggidì a rovesciare e disperdere la grande opera di Gesù Cristo, tentando con una pertinacia che non conosce confini di distruggere nell'ordine intellettuale il tesoro

---

14 Cfr. ROGER AUBERT, *Leone XIII*, in FRANCESCO TRANIELLO – GIORGIO CAMPANINI (diretto da), *Dizionario storico del movimento cattolico in Italia*, Marietti, Casale Monferrato (Alessandria) 1982, vol. II, p. 299.
15 Il pontificato di Pio IX si è protratto per oltre 31 anni e mezzo; quello di Leone XIII per quasi 25 anni e mezzo. Quello di Pio IX e quello di Leone XIII risultano essere, quindi, tra i pontificati più longevi della storia. In questo modo, la Chiesa ha avuto dal 1846 al 1903 (quindi in 57 anni) solo due guide, assicurando in anni assai tumultuosi una forte stabilità interna.
16 LEONE XIII, Lettera enciclica *Inscrutabili Dei consilio*, 21.4.1878, in *Enchiridion delle encicliche/3. Leone XIII (1878–1903)*, Edizioni Dehoniane, Bologna 1999, n. 2.

delle Celesti dottrine, sovvertire nell'ordine sociale le più sante, le più salutifere istituzioni cristiane?[17]

Certamente non mancavano i motivi per consolidare la sensazione di un assedio nel quale la Chiesa era costretta[18]. D'altra parte, nonostante alcuni tentativi "conciliatoristi", già a partire dal 1881, la si riacutizzò. Negli altri paesi europei, poi, la situazione non era di molto migliore (basti ricordare l'anticlericalismo della Francia della Terza Repubblica o il *kulturkampf* della Germania di Bismarck).

A fronte di tutto ciò, è pur vero che gli indirizzi seguiti sin da subito dal nuovo papa mostrarono una politica sensibilmente differente rispetto a quella coltivata dal suo predecessore. Lo storico Pietro Scoppola (1926–2007) così ne delineava i tratti:

> dopo gli [...] anni del pontificato di Pio IX così nettamente caratterizzato, sul piano religioso come sul piano politico, da un atteggiamento di difesa e di resistenza, il pontificato di Leone XIII appare dominato in ogni campo dall'evidente preoccupazione di una riconquista delle

---

17 Leone XIII, *Annum ingressi* (*Vigesimo quinto anno*), cit., n. 2146.
18 Erano gli anni in cui la massoneria giungeva a predicare l'abolizione del papato da essa definito «l'immonda arpia a cui taglieremo le unghia». Le fazioni anticlericali più estremiste non mancavano occasione per dimostrare tutto il loro viscerale odio nei confronti della Chiesa Cattolica. Sono molti gli episodi deprecabili che si susseguirono in quegli anni. Tra questi ricordiamo solo quello (con forti tinte simboliche) occorso nella notte tra il 12 e il 13 luglio 1881 quando venne traslata la salma di Pio IX dal Vaticano alla basilica di san Lorenzo fuori le mura, dove il papa avrebbe avuto sepoltura definitiva. Non pochi fedeli accompagnavano il corteo, che si preferì far svolgere nottetempo proprio per evitare disordini. Nonostante ciò, alcuni facinorosi si avventarono sul feretro e tentarono addirittura di far precipitare le spoglie del pontefice nel Tevere. La sortita fallì solo per la reazione della folla. Stranamente le autorità avevano "dimenticato" di provvedere alla scorta.

posizioni perdute dalla Chiesa, di un suo reinserimento nella nuova situazione storica[19].

Altri studiosi hanno visto qualcosa in più ed hanno descritto il pontificato di papa Pecci come l'avvio di una maturazione "democratica" che ha portato la Chiesa ad avvicinarsi – sebbene lentamente e timorosamente – verso le moderne concezioni politiche[20]. A causa di queste aperture (significativo è il caso del cosiddetto e controverso *"ralliement"*[21], cioè il tentativo di avvicinamento alla Francia repubblicana), Leone XIII non è stato molto apprezzato dai cattolici contro-rivoluzionari[22]. Per le ragioni contrarie (e cioè per la difesa intransigente della dottrina), papa Pecci è stato ancor meno amato dai cattolici democratici[23].

Dicevamo che in questo nostro approfondimento non avremmo seguito lo schema "logico" suggerito dallo stesso pontefice. Quell'ordine presupporrebbe un'organicità che – per quanto spesso evocata – non può essere data per scontato (anche se è lecito parlare di un *corpus leonianum*). Il modo di procedere di questo lavoro consisterà, piuttosto, nel selezionare alcuni temi ed intorno a questi sviluppare un'analisi che

---

19 Pietro Scoppola, *Dal neoguelfismo alla democrazia cristiana*, Studium, Roma 1979, p. 61.
20 Cfr. Antonio Acerbi, *Chiesa e democrazia. Da Leone XIII al Vaticano II*, Vita e Pensiero, Milano 1991, p. 3–83; cfr. Giorgio Campanini, La *"Rerum novarum" come punto di svolta nel rapporto fra Chiesa e modernità*, in «La Società», anno 1 (1991), n. 2, p. 152–170; cfr. Mario Toso, *Welfare Society. La riforma del welfare: l'apporto dei pontefici*, Libreria Ateneo Salesiano, Roma 2003, p. 51.54.
21 Cfr. Roberto de Mattei, *Il ralliement di Leone XIII. Il fallimento di un progetto pastorale*, Le Lettere, Firenze 2014; cfr. Giorgio Candeloro, *Storia dell'Italia moderna. Volume VI. Lo sviluppo del capitalismo e del movimento operaio (1871–1896)*, Feltrinelli, Milano 1990, p. 335.
22 Cfr. Introvigne, *La dottrina sociale di Leone XIII*, cit., p. 7–8.43.
23 Cfr. *Ibidem*, p. 7.17.

riguardi contestualmente sia la *Rerum novarum* sia gli altri documenti del pontificato.

I temi scelti per questo lavoro sono: il confronto tra liberalismo e socialismo, poi l'analisi dell'insegnamento circa la proprietà individuale e l'azione politica, infine il dibattito circa la questione operaia e la questione salariale. Sono temi che, per il loro carattere nevralgico, consentono una sufficiente visione d'insieme, ma impongono anche un adeguato allargamento ad altri rilevanti aspetti ad essi contigui.

2.2. Tra liberalismo e socialismo

Per quanto il magistero abbia poco gradito veder definita la propria Dottrina Sociale in relazione o in semplice contrapposizione al capitalismo liberista e al collettivismo marxista[24], pur tuttavia il confronto con i due grandi sistemi ha caratterizzato – direttamente o indirettamente – ogni enunciazione in materia sociale. La condanna sia del liberalismo[25] sia del socialismo[26] aveva preceduto Leone XIII[27], ma i documenti di papa Pecci consentirono di fornire un quadro più ampio e più ragionato anche su questo argomento così determinante per l'intero insegnamento sociale della Chiesa[28].

La questione ha senz'altro avuto un suo spazio particolare nella *Rerum novarum*, ma – anche in questo caso – non sarebbe giusto limitarsi alla sola enciclica sulla questione operaia.

Se la riprovazione per il socialismo fu precoce, ancora

---

24 Cfr. Giovanni Paolo II, Lettera enciclica *Sollicitudo rei socialis* nel ventesimo anniversario della *Populorum progressio*, 30.12.1987, n. 41b.
25 Cfr. Pio IX, *Sillabo*, 8.12.1864, proposizioni 77–80, in *Enchiridion delle encicliche/2. Gregorio XVI, Pio IX (1831–1878)*, Edizioni Dehoniane, Bologna 2002, n. 409–412.
26 Cfr. *Ibidem*, n. 348.
27 Cfr. Di Martino, *La Dottrina Sociale della Chiesa. Principi fondamentali*, cit., p. 54–55.
28 Cfr. Norbert Mette, *Socialismo e capitalismo nella dottrina sociale dei papi*, in «Concilium», anno 27 (1991), n. 5, p. 45–56.

precedente è quella per il cosiddetto "liberalismo". Già questo rilievo cronologico offre il senso di ciò che nei documenti ecclesiastici viene definito "liberalismo". Infatti, con questo concetto, il magistero della Chiesa ha sovrapposto (ed indebitamente identificato) il capitalismo con il giacobinismo, il liberismo economico con il democraticismo politico[29]. All'origine del pregiudizio cattolico per il liberalismo, quindi, vi è la confusione tra il portato ideologico della rivoluzione francese e la libertà economica propria dell'economia di mercato[30].

Considerando questo equivoco, origine di ogni successivo fraintendimento, ci sia consentito citare il termine liberalismo con le virgolette quando questo è richiamato nei passi magisteriali. In questo modo vogliamo sottolineare l'imprecisione con cui i documenti della Chiesa (e non meno quelli di Leone XIII[31]) intendono per pensiero liberale.

Per addentrarci nell'esame riservato al "liberalismo", è bene iniziare da quanto esposto nella enciclica sulla libertà umana, *Libertas praestantissimum* (1888)[32]. Significativamente, nella già menzionata lettera apostolica, in cui Leone XIII enumerava

---

29 «Già sono assai numerosi gli emuli di Lucifero – che lanciò quell'empio grido "non servirò" –, i quali in nome della libertà praticano un'assurda e schietta licenza. Sono siffatti i seguaci di quella dottrina così diffusa e potente che hanno voluto darsi il nome di liberali traendolo dalla parola libertà» (LEONE XIII, Lettera enciclica *Libertas* sulla libertà umana, 20.6.1888, in *Enchiridion delle encicliche/3. Leone XIII (1878–1903)*, Edizioni Dehoniane, Bologna 1999, n. 618).
30 Cfr. DI MARTINO, *La Dottrina Sociale della Chiesa. Principi fondamentali*, cit., p. 54–64.
31 In relazione al magistero di Leone XIII, Patrick De Laubier (1935–2016) ha identificato almeno tre principali tipi di liberalismo. Cfr. PATRICK DE LAUBIER, *Il pensiero sociale della Chiesa Cattolica. Una storia di idee da Leone XIII a Giovanni Paolo II*, Massimo, Milano 1986, p. 32–33.
32 Durante il decimo anno di pontificato venne promulgata l'enciclica sulla libertà allo scopo, da un lato, di dimostrare che la Chiesa non è nemica di questa facoltà dell'uomo e, dall'altro, di mettere in guardia contro errori e pericoli che si annidano nelle false concezioni della libertà.

le sue nove principali encicliche dando ad esse una sorta di ordine logico, la *Libertas praestantissimum* è ricordata come seconda, subito dopo l'*Aeterni Patris* (1879), l'enciclica sulla filosofia cristiana[33].

Nell'importante documento del 1888, la libertà, dopo essere stata definita «nobilissimo dono di natura»[34], veniva identificata nel suo aspetto naturale (libertà naturale) e nel suo aspetto etico (libertà morale). Infatti, se il libero arbitrio «non è altro che la facoltà di scegliere i mezzi idonei allo scopo che ci si è proposti, in quanto chi ha la facoltà di scegliere una cosa tra molte, è padrone dei propri atti»[35], sotto l'aspetto morale la libertà significa scegliere il «bene conforme a ragione»[36].

Leone XIII, qualche anno prima, nell'enciclica *Immortale Dei*, aveva già esposto la dottrina cattolica in relazione alla libertà. In quell'occasione aveva anche parlato delle libertà moderne mettendo in guardia i fedeli:

> occorre stare attenti a non farsi trarre in inganno dalla loro apparente onestà, tener presente da quali premesse traggono origine e da quali confuse passioni sono rinvigorite e alimentate. Ormai si sa abbastanza, per esperienza, quali effetti esse abbiano sulla società, poiché esse hanno ovunque prodotto frutti, dei quali i saggi e gli onesti a ragione si rammaricano[37].

In coerenza con queste affermazioni, si possono leggere anche le parole della lettera con cui si ricapitolavano i 25 anni di pontificato. In merito alla libertà, il papa scriveva:

---

33 Cfr. LEONE XIII, *Annum ingressi* (*Vigesimo quinto anno*), cit., n. 2167.
34 LEONE XIII, *Libertas*, cit., n. 590.
35 *Ibidem*, n. 599.
36 *Ibidem*, n. 600.
37 Cfr. LEONE XIII, Lettera enciclica *Immortale Dei* sulla costituzione cristiana degli Stati, 1.11.1885, in *Enchiridion delle encicliche/3. Leone XIII (1878–1903)*, Edizioni Dehoniane, Bologna 1999, n. 511.

udimmo già esaltare al cielo i benefizi della libertà e magnificarla come farmaco sovrano e strumento incomparabile di pace operosa e di prosperità. Ma i fatti la chiarirono inefficace all'uopo. Conflitti economici, contese di classe, divampano da ogni parte, e di riposato vivere cittadino non si vedono pur gl'inizi. Che anzi ognuno può esser testimonio che la libertà, quale oggi la intendono, largita promiscuamente al vero e al falso, al bene e al suo contrario, non riuscì che ad abbassare quanto vi è di nobile, di santo, di generoso, e a spianare la via a delitti, a suicidi, ad ogni sfogo di volgari passioni[38].

Una prima considerazione può essere accennata e riguarda, quindi, la concezione della libertà che emerge da questi documenti. Sebbene si affermi che la Chiesa abbia sempre tutelato la libertà («la Chiesa cattolica ha giovato e gioverà sempre a questo eccellente bene di natura, poiché è sua missione diffondere in tutto il corso dei secoli i benefici recati a noi da Gesù Cristo. Eppure sono molti coloro che considerano la Chiesa contraria alla libertà umana»[39]) e sebbene anche nell'*Immortale Dei* si affermi che la Chiesa abbia sempre tenuto nella massima considerazione questa facoltà delle creature razionali («la Chiesa, più di chiunque altro, approva questa libertà onesta e degna dell'uomo, né ha mai cessato di adoperarsi e di lottare perché ai popoli fosse garantita salda e integra»[40]), pur tuttavia, l'atteggiamento del magistero (della Chiesa in generale e di Leone XIII in particolare) permane sulla difensiva e rimane, comunque, sospettoso nei confronti dell'esercizio

---

38 LEONE XIII, Lettera apostolica *Annum ingressi* (*Vigesimo quinto anno*) nel venticinquesimo anniversario di assunzione al Pontificato, 19.3.1902, in *Enchiridion delle encicliche/3. Leone XIII (1878–1903)*, Edizioni Dehoniane, Bologna 1999, n. 2161.
39 LEONE XIII, *Libertas*, cit., n. 692–693.
40 Cfr. LEONE XIII, *Immortale Dei*, cit., n. 505.

delle concrete libertà. Ed, infatti, contestualmente, il papa scriveva: «non è assolutamente lecito invocare, difendere, concedere una ibrida libertà di pensiero, di stampa, di parola, d'insegnamento o di culto, come fossero altrettanti diritti che la natura ha attribuito all'uomo»[41].

Ciò che Leone XIII non accoglieva era l'idea secondo cui la libertà è, di per sé, educatrice ed è causa di virtù quali la responsabilità personale, l'auto-educazione all'intraprendenza, il dovere all'auto-governo, la parsimonia e il rispetto per l'altrui libertà. Nel timore che la libertà potesse essere utilizzata male, la Chiesa ha ritenuto che la libertà individuale andasse attentamente controllata e, per far ciò, l'autorità politica è stata sempre considerata un elemento indispensabile di moralizzazione delle società. In fondo, l'alleanza tra Chiesa e Stato nasce da questo presupposto. L'enciclica *Libertas*, infatti, dedicava notevole spazio alla

> funesta opinione» secondo cui «la Chiesa deve essere separata dallo Stato; è invece evidente che entrambi i poteri, dissimili nei doveri e diversi di grado, devono tuttavia essere tra loro consenzienti nell'agire concorde e nello scambio dei compiti. [...] Molte persone infatti vogliono lo Stato totalmente separato dalla Chiesa, in modo che in ogni norma che regola la convivenza umana, nelle istituzioni, nei costumi, nelle leggi, negli impieghi statali, nella educazione della gioventù, si debba considerare la Chiesa come se non esistesse, pur concedendo infine ai singoli cittadini la facoltà di dedicarsi alla religione in forma privata, se così piace[42].

Storicamente, però, l'alleanza tra Chiesa e Stato non solo non ha impedito la progressiva marginalizzazione della Chiesa e la

---
41 Leone XIII, *Libertas*, cit., n. 662.
42 *Ibidem*, n. 656.657.

secolarizzazione della società, ma ha cooperato alla costante erosione delle libertà individuali, unica barriera al processo di statalizzazione dell'uomo moderno.

È, con tutta probabilità, in questo sospetto contro l'uso della libertà che si annida la ragione reconditā dell'ostilità della Chiesa nei confronti del liberalismo.

Per la Chiesa – ed anche per Leone XIII – la libertà è essenzialmente quella controllata dalla retta ragione. Da ciò la condanna per un «perverso e confuso concetto di libertà, che viene snaturato nella sua essenza o allargato più del giusto, in modo da coinvolgere situazioni nelle quali l'uomo non può essere libero, se si vuol giudicare rettamente»[43]. In realtà, all'autentico liberalismo questa accusa non si addice affatto. È proprio del liberalismo, infatti, una concezione affatto estesa e per nulla confusa di libertà. Nella tradizione autenticamente liberale la libertà è semplicemente il contrario della violenza; è solo l'indipendenza dall'arbitraria volontà di un altro. Friedrich August von Hayek (1899–1992) descriveva «la libertà come l'assenza della coercizione»[44] e Murray Newton Rothbard (1926–1995) parlava di «libertà come *assenza di violazione* della persona o della proprietà di un uomo da parte di un altro uomo»[45].

Siamo, dunque, ben lontani dal sospetto di voler perseguire una libertà illimitata, sospetto che induceva Leone XIII a ritenere incompatibile il "liberalismo" con la libertà morale[46].

Confondendo il liberalismo con il giacobinismo (e le dottrine fisiocratiche con le teorie illuministiche), Leone XIII,

---

43 *Ibidem*, n. 593.
44 Friedrich A. von Hayek, *La società libera*, prefazione di Lorenzo Infantino, con scritti di Sergio Ricossa, Rubbettino, Soveria Mannelli (Catanzaro) 2011, p. 74.75.260.
45 Murray N. Rothbard, *L'etica della libertà*, introduzione di Luigi Marco Bassani, Liberilibri, Macerata 2000, p. 79.
46 Cfr. Introvigne, *La dottrina sociale di Leone XIII*, cit., p. 47.

inevitabilmente, considerava il primo come diretta conseguenza del razionalismo e del naturalismo. Affermava, infatti, il papa: «là dove mirano in filosofia i naturalisti o i razionalisti, ivi mirano, in tema di morale e di politica, i fautori del liberalismo i quali applicano nei costumi e nella condotta di vita i principi affermati dai naturalisti»[47].

Ma davvero il liberalismo è frutto del razionalismo? Solo a condizione di forzarne il concetto ed intenderlo come l'ideologia della rivoluzione francese. Nella *Immortale Dei*, Leone XIII dichiarava:

> quel pernicioso e deplorevole spirito innovatore che si sviluppò nel sedicesimo secolo, volto dapprima a sconvolgere la religione cristiana, presto passò, con naturale progressione, alla filosofia, e da questa a tutti gli ordini della società civile. Da ciò si deve riconoscere la fonte delle più recenti [...] massime delle eccessive libertà [*a volte tradotto*: delle teorie sfrenatamente liberali, *ndr*], senza dubbio elaborate durante i grandi rivolgimenti del secolo passato e proclamate come principi e fondamenti di un nuovo diritto, il quale non solo era sconosciuto in precedenza, ma per più di un aspetto si distacca sia dal diritto cristiano, sia dallo stesso diritto naturale[48].

Si trattava, però, di una conclusione imprecisa ed affrettata. Intanto, perché ciò che si è definita propriamente "liberale" è quella posizione che nella storia ha contrastato il giacobinismo e il socialismo da esso derivante, poi perché ogni autentico liberale non può sentirsi a proprio agio di fronte al razionalismo costruttivista. Un testo particolarmente rivelativo di questa distanza tra liberalismo e razionalismo è una delle principali opere del premio Nobel Friedrich von Hayek,

---

47 Leone XIII, *Libertas*, cit., n. 619.
48 Cfr. Leone XIII, *Immortale Dei*, cit., n. 483.

The Counter-Revolution of Science: Studies on the Abuse of Reason[49].

Il fraintendimento sulla natura del liberalismo[50] era ancora più manifesto lì dove – ancora nella *Libertas* – veniva dichiarato che «i seguaci del liberalismo [...] considerano lo Stato padrone assoluto e onnipotente»[51]. Ora, è noto che la posizione liberale si contraddistingue precipuamente per l'opinione contraria, denunciando, cioè, i rischi dei sempre più estesi poteri politici. Oltretutto, nella *Rerum novarum*, Leone XIII prenderà, sì, ancora le distanze dalle teorie liberiste, ma questa volta per accusarle – all'opposto – di essere renitenti alle intromissioni dello Stato[52].

Emerge, in altri termini, tutta l'indeterminatezza di cosa il magistero voglia davvero intendere quando richiama e condanna le idee dei «seguaci del liberalismo» accusati, per un verso, di pretendere «per sé e per lo Stato una licenza così eccessiva»[53], per l'altro, di «impedire [...] l'intervento dello Stato»[54].

Se l'enciclica *Libertas* del 1888 può essere considerata il testo più emblematico contro il liberalismo, la *Quod apostolici muneris*[55] può esserlo riguardo al socialismo. Trent'anni dopo

---

49 Cfr. Friedrich A. von Hayek, *L'abuso della ragione*, prefazione di Dario Antiseri, Rubbettino, Soveria Mannelli (Catanzaro) 2008 (l'opera è del 1952).
50 Cfr. Di Martino, *La Dottrina Sociale della Chiesa. Principi fondamentali*, cit., p. 54–55.
51 Leone XIII, *Libertas*, cit., n. 590–669.
52 Cfr. Leone XIII, Lettera enciclica *Rerum novarum* sulla condizione degli operai, 15.5.1891, in *Enchiridion delle Encicliche/3. Leone XIII (1878–1903)*, Edizioni Dehoniane, Bologna 1999, n. 887.907–908.
53 Leone XIII, *Libertas*, cit., n. 647.
54 Leone XIII, *Rerum novarum*, cit., n. 911.
55 Dieci mesi dopo l'ascesa al soglio pontificio e prima che terminasse il 1878, venne pubblicata l'enciclica *adversus socialistarum sectas*. In realtà la terminologia è ancora volutamente indistinta (il documento è su socialismo, comunismo e nichilismo) ad indicare un'unica matrice che assume diverse forme. Benché la *Quod apostolici muneris* sia la prima enciclica di

il *Manifesto del Partito Comunista* di Karl Marx (1818–1883) e Friedrich Engels (1820–1895) e trentadue anni dopo l'enciclica *Qui pluribus* nella quale Pio IX condannava la «nefanda dottrina del comunismo»[56], Leone XIII, ai primordi del suo pontificato, si scagliava contro «la micidiale pestilenza che serpeggia per le intime viscere della società e la riduce all'estremo pericolo di rovina»[57].

Il papa identificava nell'egalitarismo uno dei tratti chiave dei seguaci del socialismo; essi, infatti, «predicano la perfetta uguaglianza di tutti nei diritti e negli uffici»[58]. In realtà, più tardi, nella *Immortale Dei* (1885), la stessa caratteristica veniva attribuita anche alle teorie liberali che, tra i fondamenti di un "diritto nuovo"[59], imponevano l'idea secondo cui «tutti gli uomini, dal momento che sono ritenuti uguali per nascita e per natura, così sono effettivamente uguali tra loro anche nella vita pratica»[60]. Il tema, poi, tornerà nella *Rerum novarum* (1891), dove Leone XIII, con prospettiva realistica, scriveva:

> togliere dal mondo le disparità sociali, è cosa impossibile. Lo tentano, è vero, i socialisti, ma ogni tentativo contro la natura delle cose riesce inutile. Poiché la più grande varietà esiste per natura tra gli uomini: non tutti posseggono lo stesso ingegno, la stessa solerzia, non la

---

rilievo, Leone XIII la pone solo in settima posizione nell'ordine logico che diede ai suoi documenti; essa è seguita solo dalla *Rerum novarum* (1891) sulla questione operaia, e dalla *Sapientiae christianae* (1890), sui principali doveri dei cittadini cristiani.

56 Pio IX, Lettera enciclica *Qui pluribus* sugli errori dell'epoca, 9.11.1846, in *Enchiridion delle encicliche/2. Gregorio XVI, Pio IX (1831–1878)*, Edizioni Dehoniane, Bologna 2002, n. 112c.

57 Leone XIII, Lettera enciclica *Quod apostolici muneris* su socialismo, comunismo e nichilismo, 28.12.1878, in *Enchiridion delle encicliche/3. Leone XIII (1878–1903)*, Edizioni Dehoniane, Bologna 1999, n. 21.

58 *Ibidem*.

59 Cfr. Leone XIII, *Immortale Dei*, cit., n. 483.

60 *Ibidem*, n. 484.

sanità, non le forze in pari grado: e da queste inevitabili differenze nasce di necessità la differenza delle condizioni sociali. E ciò torna a vantaggio sia dei privati che del civile consorzio, perché la vita sociale abbisogna di attitudini varie e di uffici diversi, e l'impulso principale, che muove gli uomini ad esercitare tali uffici, è la disparità dello stato[61].

Volendo tornare alle argomentazioni della *Quod apostolici muneris*, non può essere trascurato il modo con cui si articolavano le argomentazioni dell'enciclica contro il socialismo. Leone XIII, infatti, spiegava la teoria rivoluzionaria attraverso ciò che essa rinnegava: l'autorità, la famiglia e la proprietà. Partiamo dalla famiglia.

Tra le grandi encicliche, Leone XIII non trascurò di dedicarne una al matrimonio. Si tratta dell'*Arcanum divinae sapientiae*[62]. Tuttavia il tema della famiglia non poteva non essere trattato anche in relazione diretta al socialismo. Scriveva, dunque, il papa:

> [la società domestica] va quasi a disciogliersi secondo le dottrine del socialismo; in quanto, perduta la stabilità che le deriva dal matrimonio cristiano, ne consegue che venga pure ad indebolirsi in straordinaria maniera l'autorità dei padri sopra i figli, e la riverenza dei figli verso i genitori[63].

Ed oltre la famiglia, nell'insegnamento leoniano, sono due gli altri grandi istituti naturali che il socialismo intende demolire: l'autorità civile e la proprietà privata.

---

61 Leone XIII, *Rerum novarum*, cit., n. 888.
62 L'enciclica sul matrimonio cristiano (10 febbraio 1880) venne posta tra le prime attenzioni dallo stesso Leone XIII; infatti, essa – nell'ordine suggerito dal pontefice – è preceduta solo dall'*Aeterni Patris* e dalla *Libertas*.
63 Leone XIII, *Quod apostolici muneris*, cit., n. 37.

2.3. Azione politica e proprietà individuale

Nelle parole di Leone XIII, il socialismo appare scompaginatore di tutto l'ordine sociale[64]. Esso si presenta come l'eversore di ogni autorità stabilita:

> parliamo della setta di coloro che con nomi diversi e quasi barbari si chiamano socialisti, comunisti e nichilisti, e che sparsi per tutto il mondo, e tra sé legati con vincoli d'iniqua cospirazione, ormai non ricercano più l'impunità dalle tenebre di occulte conventicole, ma apertamente e con sicurezza usciti alla luce del giorno si sforzano di realizzare il disegno, già da lungo tempo concepito, di scuotere le fondamenta dello stesso consorzio civile. Costoro sono quelli che, secondo le Scritture divine, "contaminano la carne, disprezzano l'autorità, bestemmiano la maestà" (Gd 8), e nulla rispettano e lasciano integro di quanto venne dalle leggi umane e divine sapientemente stabilito per l'incolumità e il decoro della vita[65].

Il principio di autorità è stato tenuto in alta considerazione dall'insegnamento cattolico. In epoca di grandi sovvertimenti, la questione non poteva che avere un ruolo centrale nelle attenzioni della gerarchia e, difatti, è giusto considerare «il problema dell'ordine [...] al cuore del magistero di Leone XIII»[66]. A dimostrazione di ciò le tre importanti encicliche intorno al tema: la *Diuturnum illud* sul principato civile (1881)[67], la

---

64 Cfr. Leone XIII, *Rerum novarum*, cit., n. 866.
65 Leone XIII, *Quod apostolici muneris*, cit., n. 21.
66 Introvigne, *La dottrina sociale di Leone XIII*, cit., p. 20.
67 Nel suo particolare elenco, Leone XII volle citare la *Diuturnum illud* dopo l'enciclica sulla massoneria (*Humanus genus*, 1884) e immediatamente prima della *Immortale Dei*. Il documento si sofferma sull'origine della potestà civile rigettando le teorie illuministiche della sovranità popolare.

Immortale Dei sulla cristiana costituzione degli Stati (1885)[68] e la *Sapientiae christianae* sui principali doveri dei cittadini cristiani (1890)[69].

I documenti riaffermavano la tradizionale dottrina dell'autorità civile: essa giunge da Dio («per quel che riguarda la potestà di comandare, la Chiesa rettamente insegna che essa proviene da Dio»[70]) ed ha in lui il suo fondamento («i cattolici [...] fanno derivare da Dio il diritto di comandare come da naturale e necessario principio»[71]).

Leone XIII, di conseguenza, escludeva che la fonte dell'autorità fosse nella moltitudine o nel popolo («poiché si afferma che il popolo contiene in se stesso la sorgente di ogni diritto e di ogni potere»[72]), benché non respingesse la modalità dell'elezione quando questa tornasse utile a designare chi avrebbe dovuto svolgere alcune funzioni. Una cosa è investire una persona, altra è conferire il potere («per [...] deliberazione [...] si designa il principe, ma non si conferiscono i diritti del principato: non si dà l'imperio, ma si stabilisce da chi deve essere amministrato»[73]).

---

68 La *Immortale Dei* è, probabilmente, quella che merita la maggiore attenzione nell'intero *corpus* dottrinale-sociale di Leone XIII. L'enciclica presentava innanzitutto il modello di società conforme alla dottrina naturale e all'insegnamento cristiano; poi confutava il modello moderno che si poggia su un «diritto nuovo»; infine offriva ai fedeli alcune direttive per l'azione temporale.
69 La *Sapientiae christianae* è il documento con cui Leone XIII chiude il richiamo alle sue nove principali encicliche. In essa il papa richiamava i cristiani ai doveri nei confronti della Chiesa e dello Stato, ma, al tempo stesso, invitava i fedeli a non sottomettersi alle leggi civili quando queste sono in contrasto con gli insegnamenti evangelici.
70 LEONE XIII, Lettera enciclica *Diuturnum illud* sull'origine della potestà civile, 29.6.1881, in *Enchiridion delle encicliche/3. Leone XIII (1878–1903)*, Edizioni Dehoniane, Bologna 1999, n. 230.
71 *Ibidem*, n. 227.
72 LEONE XIII, *Immortale Dei*, cit., n. 484.
73 LEONE XIII, *Diuturnum illud*, n. 228.

Parimenti, il pontefice rigettava le teorie contrattualistiche («il patto di cui si parla è manifestamente fantastico e fittizio»[74]), pur ammettendo l'intercambiabilità delle forme di governo («il diritto d'imperio, poi, non è di per sé legato necessariamente ad alcuna particolare forma di governo: questo potrà a buon diritto assumere l'una o l'altra forma, purché effettivamente idonea all'utilità e al bene pubblico»[75]).

La dottrina cattolica che Leone XIII esponeva con molta chiarezza, però, si presta ad una rilevantissima obiezione: lo Stato viene considerato una realtà voluta da Dio perché viene fatto scaturire dalla natura sociale dell'essere umano[76].

Le encicliche ribadivano che la vita in società è una conseguenza iscritta nella stessa natura umana:

> il vivere in una società civile è insito nella natura stessa dell'uomo: e poiché egli non può, nell'isolamento, procurarsi né il vitto né il vestiario necessario alla vita, né raggiungere la perfezione intellettuale e morale, per disposizione provvidenziale nasce atto a congiungersi e a riunirsi con gli altri uomini, tanto nella società domestica quanto nella società civile, la quale sola può fornirgli tutto quanto basta perfettamente alla vita[77].

Tuttavia, nella *Sapientiae christianae*, veniva anche opportunamente puntualizzato che «la natura [...] non ha creato la società perché l'uomo la seguisse come un fine, ma affinché in essa e per essa trovasse gli aiuti adatti alla propria perfezione»[78].

---

74 *Ibidem*, n. 237.
75 Leone XIII, *Immortale Dei*, cit., n. 453.
76 Cfr. Di Martino, *La Dottrina Sociale della Chiesa. Principi fondamentali*, cit., p. 94–96.
77 Leone XIII, *Immortale Dei*, cit., n. 451.
78 Leone XIII, Lettera enciclica *Sapientiae christianae* sui doveri fondamentali dei cittadini cristiani, 10.1.1890, in *Enchiridion delle Encicliche/3*.

Il passaggio ulteriore era quanto mai delicato perché imponeva un passaggio dall'ordine naturale all'ordine politico (in senso contingente). Scriveva Leone XIII:

> e poiché non può reggersi alcuna società, senza qualcuno che sia a capo di tutti e che spinga ciascuno, con efficace e coerente impulso, verso un fine comune, ne consegue che alla convivenza civile è necessaria un'autorità che la governi: e questa, non diversamente dalla società, proviene dalla natura e perciò da Dio stesso. Ne consegue che il potere pubblico per se stesso non può provenire che da Dio[79].

L'ambiguità è contenuta nella confusione che si genera facendo coincidere l'autorità naturale (quella che si sviluppa nella spontanea struttura gerarchica della società) o l'organizzazione naturale (magari nella forma dell'auto-governo) con la sovranità politica e, in particolare, con la forma dello Stato così come esso è modernamente concepito.

Né i testi di Leone XIII né gli altri documenti della Chiesa sono stati in grado di precisare la questione e neanche hanno saputo distinguere tra organizzazione politica non statuale e organizzazione statuale: in tutti i documenti, autorità (che è anche autorità civile pre-moderna e non necessariamente statuale) e sovranità o potestà dello Stato moderno appaiono con i medesimi caratteri essenziali. Anche encicliche come la *Diuturnum illud* «sull'origine della potestà civile» e la *Immortale Dei* «sulla costituzione cristiana degli Stati», che condannano i mutamenti intervenuti, non assegnano allo Stato moderno una definizione diversa dall'autorità politica tradizionalmente intesa. Leone XIII biasimava, sì, il «diritto

---

Leone XIII (1878–1903), Edizioni Dehoniane, Bologna 1999, n. 734.
79 Cfr. LEONE XIII, *Immortale Dei*, cit., n. 451–452.

nuovo»[80], ma la riprovazione riguardava l'indifferenza istituzionale verso la verità cristiana, non il giudizio sullo Stato (moderno) in quanto tale. Il magistero, quindi, accoglieva (e accoglie) pacificamente la tesi della sostanziale continuità tra gli ordinamenti politici precedenti e lo Stato moderno. A provare ciò è anche il modo con cui si parla dello Stato. Ad esempio, la *Rerum novarum*, in un passaggio, richiamando «quale debba essere il concorso dello Stato» per la questione operaia, affermava: «noi parliamo dello Stato [*originale latino*: «Rempublicam»] non come è costituito o come funziona in questa o in quella nazione, ma dello Stato nel suo vero concetto»[81]. Un concetto che non viene, quindi, messo in discussione e di cui, piuttosto, si condannano le sole degenerazioni.

L'insegnamento cattolico riguardo all'origine storica di ciò che gli stessi testi magisteriali chiamano "Stato" trova sintesi nelle parole di Leone XIII. Nella *Immortale Dei*, papa Pecci affermava che l'autorità fosse indispensabile per il reggimento della convivenza civile e, come la società proviene dalla natura e quindi da Dio, il potere pubblico – inteso quale potere dello Stato – non può che derivare dalla medesima trascendente fonte[82].

Tutto, infatti, sembra riferirsi a ciò che chiameremmo Stato moderno, tanto che non appare arbitrario attribuire a questa

---

80 Cfr. Massimo Introvigne, *Cento anni fa la "Immortale Dei"*, in «Cristianità», anno 13 (1985), n. 127–128 (novembre–dicembre), p. 10–12; cfr. Mario Toso, *Welfare Society. La riforma del welfare: l'apporto dei pontefici*, Libreria Ateneo Salesiano, Roma 2003, p. 57.
81 Leone XIII, *Rerum novarum*, cit., n. 907.
82 Già citavamo il papa: «E poiché non può reggersi alcuna società, senza qualcuno che sia a capo di tutti e che spinga ciascuno, con efficace e coerente impulso, verso un fine comune, ne consegue che alla convivenza civile è necessaria un'autorità che la governi: e questa, non diversamente dalla società, proviene dalla natura e perciò da Dio stesso. Ne consegue che il potere pubblico per se stesso non può provenire che da Dio» (Leone XIII, *Immortale Dei*, cit., n. 451–452).

dottrina proprio la tesi dell'origine dello Stato (qui semplicemente definito «potere pubblico»[83]) anche per l'assenza di una distinzione tra autorità naturale e autorità statale (modernamente concepita). Nel sostenere, quindi, che lo Stato nasce in modo naturale, al pari della società, ancora una volta si identifica lo Stato (così come modernamente lo conosciamo) con ogni autorità e con ogni possibile comunità politica. La consapevolezza di questa coincidenza è anche offerta dal tema dell'enciclica presentato nel suo sottotitolo: «sulla costituzione cristiana degli Stati» (che nell'originale latino riportava «de civitatum constitutione christiana»).

Il dilemma di come una realtà naturale (qual è lo Stato per la Dottrina Sociale della Chiesa) possa essere in conflitto con altre realtà naturali rimane insoluto (benché insufficientemente palesato). Questa reale antinomia, però, almeno indirettamente, emergeva nelle stesse parole di Leone XIII che, nella *Rerum novarum*, affermava: «se l'uomo, se la famiglia, entrando a far parte della società civile, trovassero nello Stato non aiuto, ma offesa, non tutela, ma diminuzione dei propri diritti, la civile convivenza sarebbe piuttosto da fuggire che da desiderare»[84]. Ed uno dei principali diritti che non dovrebbe subire alcuna forma di violazione è la proprietà privata.

È, questa, la grande questione che si interseca anche con quella dell'autorità e dell'azione del «potere pubblico»[85]. D'altra parte la differenza tra l'autorità naturale e lo Stato può essere esattamente ricercata nel fatto che la prima ha per vocazione la difesa della proprietà privata, mentre ciò che chiamiamo "Stato" costituisce la più grave minaccia proprio al diritto di proprietà.

Accanto al sovvertimento della famiglia e alla negazione dell'autorità, la proprietà rappresentava il terzo grande

---

83 *Ibidem*.
84 Cfr. LEONE XIII, *Rerum novarum*, cit., n. 881.
85 Cfr. LEONE XIII, *Immortale Dei*, cit., n. 451–452.

obiettivo contro cui si è scagliato il socialismo. Consapevole di ciò, Leone XIII, nell'enciclica *Dall'alto dell'apostolico seggio* del 1890, ribadiva: «uno dei più grandi e dei più formidabili pericoli che corre la società presente sono le agitazioni dei socialisti, che minacciano di scompaginarla dalle fondamenta»[86].

Il documento del magistero leoniano più esaustivo sul tema della proprietà privata è senz'altro la più famosa delle encicliche di papa Pecci: la *Rerum novarum*[87].

L'affermazione basilare circa il diritto di proprietà è che esso si trova inscritto nella natura dell'uomo («la natura deve aver dato all'uomo il diritto a beni stabili e perenni, proporzionati alla perennità del soccorso di cui egli abbisogna»[88]) e, come tale, è intangibile da parte dei poteri politici («ora, che giustizia sarebbe questa, che un altro il quale non ha lavorato, subentrasse a goderne i frutti?»[89]).

Come nell'enciclica del 1891[90], anche nella *Quod apostolici muneris*, Leone XIII aveva collegato il diritto di proprietà ai precetti divini: «infatti sa che Iddio, autore e vindice di ogni diritto, vietò il furto e la rapina in modo che neppure è lecito

---

86 Leone XIII, Lettera enciclica *Dall'alto dell'apostolico seggio* sull'opera disgregatrice della massoneria in Italia, 15.10.1890, in *Enchiridion delle encicliche/3. Leone XIII (1878–1903)*, Edizioni Dehoniane, Bologna 1999, n. 832.
87 La *Rerum novarum* venne promulgata dopo un lungo lavoro di stesura. Nella prima parte l'enciclica condannava la soluzione socialista alla questione operaia che distruggendo la proprietà privata nuoce a tutti, operai compresi. Nella seconda parte indicava nelle associazioni (e nelle corporazioni) il rimedio ai nuovi problemi (l'associazionismo è un rilevante tema della *Rerum novarum*). Leone XIII, poi, riprovava alcuni aspetti del capitalismo e legittimava l'intervento dei poteri politici in materia sociale.
88 Leone XIII, *Rerum novarum*, cit., n. 871.
89 *Ibidem*, cit., n. 876.
90 Cfr. Di Martino, *La Dottrina Sociale della Chiesa. Principi fondamentali*, cit., p. 150–151.

desiderare l'altrui: gli uomini ladri e rapaci [...] sono esclusi dal regno dei cieli»[91].

Al tempo stesso, Leone XIII – come del resto si ripeterà in ogni successivo documento della Chiesa[92] – riconosceva una qualche forma di destinazione comune all'intera umanità dei beni materiali[93]. Per quanto si trattasse di un aspetto appena accennato rispetto alla prevalente affermazione del carattere naturale del diritto alla proprietà, il richiamo era, comunque, un significativo segnale di distanza nei confronti della prospettiva liberista.

All'ambito della Dottrina Sociale della Chiesa, questo difficile rapporto tra la necessità della proprietà privata e l'ideale della destinazione universale, con il tempo si evolverà sempre più a favore del secondo, lasciando il diritto alla proprietà sempre più in ombra.

A riprova di questo disagio, un autorevole teologo sociale, il padre gesuita tedesco Oswald von Nell-Breuning (1890–1991) – principale estensore dell'enciclica *Quadragesimo anno* scritta, nel 1931, per conto di Pio XI nell'anniversario della *Rerum novarum* –, nei suoi commenti personali, arrivò a sostenere che il modo con cui Leone XIII aveva enfatizzato la proprietà privata rappresentava un «brutto neo» dell'enciclica del 1891[94].

Sul fronte opposto, il grande economista austriaco Ludwig von Mises (1881–1973) scorgeva già nelle righe di papa Pecci un'insanabile contraddizione interna alla Dottrina Sociale della Chiesa:

---

91 Leone XIII, *Quod apostolici muneris*, cit., n. 40.
92 Cfr., ad esempio, Giovanni Paolo II, Lettera enciclica *Centesimus annus* nel centenario della *Rerum novarum*, 1.5.1991, n. 30.
93 Cfr. Leone XIII, *Rerum novarum*, cit., n. 873.896.
94 Cfr. Oswald von Nell-Breuning, *Sozialehre der Kirche. Erläuterungen der lehramtlichen Dokumente*, Europa Verlag, Wien 1977, p. 33.

nel 1891, nell'enciclica *Rerum novarum* di Leone XIII, il cattolicesimo ha riconosciuto che la proprietà privata dipende dal diritto naturale; ma simultaneamente la Chiesa ha posto una serie di principi etici fondamentali per la distribuzione dei redditi, che non possono essere messi in pratica che in un socialismo di Stato[95].

Effettivamente, ammettere che la proprietà privata debba essere gravata da limiti non suscita solo una difficoltà concettuale nei confronti di ciò che viene, comunque, considerata una realtà di ordine naturale e, perciò, intangibile, ma apre la strada a considerare la politica come lo strumento mediante il quale, arbitrariamente, il prodotto del lavoro dei singoli viene trasferito per imperio. Con temibili conseguenze per la libertà di ogni persona.

La *Rerum novarum*, pur ribadendo il pericolo costituito dall'azione intromissiva dello Stato[96] («non è giusto [...] che il cittadino e la famiglia siano assorbiti dallo Stato: è giusto invece che si lasci all'uno e all'altra tanta indipendenza di operare quanta se ne può»[97]), legittimava un ampio spazio di intervento da parte deli pubblici poteri[98] («in maniera generale con tutto il complesso delle leggi e delle istituzioni politiche»[99]).

In questo modo, nell'enciclica di Leone XIII è corretto intravedere tutto ciò che sarà successivamente esplicitato dal magistero della Chiesa in relazione alla "giustizia sociale" o

---

95 Ludwig von Mises, *Socialismo. Analisi economica e sociologica*, a cura di Dario Antiseri, Rusconi, Milano 1990, p. 288.
96 Cfr. Di Martino, *La Dottrina Sociale della Chiesa. Principi fondamentali*, cit., p. 139–140.
97 Leone XIII, *Rerum novarum*, cit., n. 911.
98 Cfr. Di Martino, *La Dottrina Sociale della Chiesa. Principi fondamentali*, cit., p. 108–109.
99 Leone XIII, *Rerum novarum*, cit., n. 908.

ai "diritti civili"[100] e, più in generale, alla legittimazione offerta al sempre maggiore peso dell'apparato dello Stato nella vita della persona e all'inglobamento della sfera individuale nella dimensione politica.

Su ciò che riguarda particolarmente la promozione delle classi operaie e su ciò che concerne specificamente la valutazione morale della retribuzione occorre soffermarci più analiticamente.

2.4. QUESTIONE OPERAIA E QUESTIONE SALARIALE

Per salvaguardare il bene degli operai, secondo Leone XIII (e, in generale, secondo l'intera Dottrina Sociale della Chiesa), allo Stato dev'essere riconosciuto un vero e proprio diritto d'intervento.

> È quindi giusto – sosteneva il papa – che il governo s'interessi dell'operaio, facendo sì che egli partecipi in qualche misura di quella ricchezza che esso medesimo produce, cosicché abbia vitto, vestito e un genere di vita meno disagiato. Si favorisca dunque al massimo ciò che può in qualche modo migliorare la condizione di lui, sicuri che questa provvidenza, anziché nuocere a qualcuno, gioverà a tutti, essendo interesse universale che non rimangano nella miseria coloro da cui provengono vantaggi di tanto rilievo[101].

Com'è noto, la *Rerum novarum* rappresenta la più emblematica risposta cattolica alla cosiddetta questione sociale[102]. Con

---

100 Cfr. TOSO, *Welfare Society. La riforma del welfare: l'apporto dei pontefici*, cit., p. 71.574.
101 LEONE XIII, *Rerum novarum*, cit., n. 908.
102 Cfr. Pontificio Consiglio della Giustizia e della PACE, *Compendio della Dottrina Sociale della Chiesa*, Libreria Editrice Vaticana, Città del Vaticano 2004, n. 88–90.

questa formula si suole definire l'insieme degli effetti sociali generati dalle trasformazioni industriali che si svilupparono nell'Ottocento (in alcune aree trasformazioni avviate già alla fine del secolo precedente). Ma quello relativo alla "questione sociale" è un altro concetto che andrebbe virgolettato per evitare di assumere acriticamente punti di vista che meritano di essere meglio ponderati.

La lettura magisteriale della "questione" trova espressione nelle parole della *Rerum novarum*. In essa Leone XIII scriveva:

> questione difficile e pericolosa. Difficile, perché ardua cosa è segnare i precisi confini nelle relazioni tra proprietari e proletari, tra capitale e lavoro. Pericolosa perché uomini turbolenti ed astuti, si sforzano ovunque di falsare i giudizi e volgere la questione stessa a perturbamento dei popoli. Comunque sia, è chiaro, ed in ciò si accordano tutti, come sia di estrema necessità venir in aiuto senza indugio e con opportuni provvedimenti ai proletari, che per la maggior parte si trovano in assai misere condizioni, indegne dell'uomo. Poiché, soppresse nel secolo passato le corporazioni di arti e mestieri, senza nulla sostituire in loro vece, nel tempo stesso che le istituzioni e le leggi venivano allontanandosi dallo spirito cristiano, avvenne che poco a poco gli operai rimanessero soli e indifesi in balìa della cupidigia dei padroni e di una sfrenata concorrenza. Accrebbe il male un'usura divoratrice che, sebbene condannata tante volte dalla Chiesa, continua lo stesso, sotto altro colore, a causa di ingordi speculatori. Si aggiunga il monopolio della produzione e del commercio, tanto che un piccolissimo numero di straricchi hanno imposto all'infinita moltitudine dei proletari un giogo poco meno che servile[103].

---

103 Leone XIII, *Rerum novarum*, cit., n. 864–865.

Una simile prospettiva troverà eco negli altri documenti che celebreranno la *Rerum novarum*: la *Quadragesimo anno* di Pio XI (1931)[104], il radiomessaggio di Pio XII (1941)[105], la *Mater et magistra* di Giovanni XXIII (1961)[106], la lettera *Octogesima adveniens* di Paolo VI (1971)[107], la *Laborem exercens* di Giovanni Paolo II (1981)[108] ed, infine, la *Centesimus annus*, ancora di Giovanni Paolo II (1981)[109]. A queste encicliche vanno aggiunti alcuni passaggi contenuti in quelle di Benedetto XVI, la *Deus caritas est* (2005)[110] e la *Caritas in veritate* (2009)[111].

A questa visione – che con le parole di Giovanni Paolo II possiamo sintetizzare come la «terribile condizione [operaia, *ndr*], alla quale il nuovo e non di rado violento processo di industrializzazione aveva ridotto grandi moltitudini»[112] – si

---

104 Cfr. Pio XI, Lettera enciclica *Quadragesimo anno* sull'instaurazione dell'ordine sociale cristiano, 15.5.1931, in *Enchiridion delle encicliche/5. Pio XI (1922–1939)*, Edizioni Dehoniane, Bologna 1995, n. 583.591.593. 596.597.720.
105 Cfr. Pio XII, Radiomessaggio in occasione del cinquantesimo anniversario della *Rerum novarum*, 1.6.1941, in *Enchiridion delle encicliche/6. Pio XII (1939–1958)*, Edizioni Dehoniane, Bologna 1995, n. 1610–1636.
106 Cfr. Giovanni XXIII, Lettera enciclica *Mater et magistra* sugli sviluppi della questione sociale nella luce della dottrina cristiana, 15.5.1961, in *Enchiridion delle encicliche/7. Giovanni XXIII, Paolo VI (1958–1978)*, Edizioni Dehoniane, Bologna 1994, n. 230.237.271.
107 Cfr. Paolo VI, Lettera apostolica *Octogesima adveniens* per l'LXXX anniversario della *Rerum novarum*, 14.5.1971, n. 5.
108 Cfr. Giovanni Paolo II, Lettera enciclica *Laborem exercens* sul lavoro umano nel 90° anniversario della *Rerum novarum*, 14.9.1981, n. 2–3.
109 Cfr. Giovanni Paolo II, Lettera enciclica *Centesimus annus* nel centenario della *Rerum novarum*, 1.5.1991, n. 5.11.21.53.60.
110 Cfr. Benedetto XVI, Lettera enciclica *Deus caritas est* sull'amore cristiano, 25.12.2005, n. 26.
111 Cfr. Benedetto XVI, Lettera enciclica *Caritas in veritate* sullo sviluppo umano integrale, 29.6.2009, n. 13.24.75.
112 Cfr. Giovanni Paolo II, *Centesimus annus*, cit., n. 11a.

sono opposti alcuni seri economisti[113], valenti storici dell'economia[114] e sociologi innovatori[115] che hanno abilmente confutato il mito dell'abbrutimento dovuto all'avvento dell'industrializzazione.

A dare una sterzata alla storiografia sul tema e alla disputa sulla rivoluzione industriale contribuì, in modo davvero particolare, il già citato premio Nobel Friedrich von Hayek che, nel 1954, coordinò il lavoro di ricerca di un gruppo internazionale di autorevoli studiosi. La conseguente opera, *Capitalism and the Historians*, mostrava l'inconsistenza dell'idea secondo cui l'industrializzazione avrebbe immiserito le masse e l'infondatezza del mito secondo cui il primo capitalismo avrebbe generato oppressione sociale[116].

A rafforzare la visione sostanzialmente negativa della rivoluzione industriale da parte della gerarchia cattolica (gli operai rimasero «soli e indifesi in balìa della cupidigia dei padroni e di una sfrenata concorrenza»[117], scriveva Leone XIII) vi era il pregiudizio della Chiesa contro la società industriale[118] e il

---

113 Cfr. LUDWIG VON MISES, *Politica economica. Riflessioni per oggi e per domani*, introduzione di Lorenzo Infantino, Liberilibri, Macerata 2007, p. 12s.; cfr. ENRICO COLOMBATTO, *L'economia di cui nessuno parla. Mercati, morale e intervento pubblico*, Istituto Bruno Leoni Libri, Torino 2014, p. 320s.

114 Cfr. RALPH RAICO, *La storia del liberalismo e della libertà occidentale*. IBL Occasional Paper n. 1, Istituto Bruno Leoni, Torino 2004, p. 6; cfr. MURRAY N. ROTHBARD, *An Austrian Perspective on the History of Economic Thought. Volume II. Classical Economics*, Ludwig von Mises Institute, Auburn (Alabama) 2006, p. 4s.205s.458s.

115 Cfr. JEAN BAECHLER, *Le origini del capitalismo*, prefazione di LUIGI MARCO BASSANI e ALBERTO MINGARDI, Istituto Bruno Leoni Libri, Torino 2015.

116 Cfr. FRIEDRICH A. HAYEK (a cura di), *Il capitalismo e gli storici*, presentazione di Rosario Romeo, Bonacci, Roma 1991.

117 LEONE XIII, *Rerum novarum*, cit., n. 864.

118 Cfr. JEAN-MARIE AUBERT, *Teologia dell'epoca industriale*, Cittadella Editrice, Assisi (Perugia) 1971.

favore con cui essa continuava a guardare la cultura rurale. Se un certo timore per il nuovo («*rerum novarum cupiditas*») caratterizzava il cattolicesimo dell'Ottocento – ancora effettivamente traumatizzato dagli scempi rivoluzionari –, continua ancora oggi a pesare un immotivato atteggiamento di preclusione nei confronti del benessere (atteggiamento comune tanto al progressismo naturalista quanto al tradizionalismo nostalgico) che impedisce di cogliere le grandi opportunità offerte dall'industrializzazione e dall'economia avanzata[119].

Per non pochi versi legata alla diffidenza nei confronti sia dello sviluppo economico sia dei dinamismi del mercato (che rendono possibile lo sviluppo), è anche l'affermazione del "giusto salario".

Nella *Rerum novarum*, dopo aver ricordato ai datori di lavoro e ai salariati i rispettivi doveri[120], si parlava di «giusta mercede»[121] anche se si precisava subito che la determinazione di questa, «secondo giustizia[,] dipende da molte considerazioni»[122].

Quello del salario non è solo un aspetto importante dell'enciclica, ma è anche un tema estremamente rivelativo del modo di concepire l'intera dimensione lavorativa ed economica dell'uomo. La consapevolezza di tutto ciò emergeva anche dalle parole di Leone XIII: «tocchiamo ora un punto di grande importanza, e che va inteso bene per non cadere in uno dei

---

119 Cfr. GIORGIO CAMPANINI, *Il contesto storico-culturale del Concilio Vaticano II*, in «Rassegna di Teologia», anno 28 (1987), n. 3 (maggio–giugno), p. 235; cfr. JOSÈ ARTHUR RIOS, *La vita economico-sociale: persona, struttura sociale e civiltà*, in GUILHERME BARAÚNA (a cura di), *La Chiesa nel mondo di oggi. Studi e commenti intorno alla Costituzione pastorale Gaudium et spes*, Vallecchi, Firenze 1966, p. 462–463.
120 Cfr. LEONE XIII, *Rerum novarum*, cit., n. 892–893.
121 *Ibidem*, n. 893.
122 *Ibidem*.

due estremi opposti»[123]. Il papa riportava un'opinione da cui avrebbe subito preso le distanze:

> la quantità del salario, si dice, la determina il libero consenso delle parti: sicché il padrone, pagata la mercede, ha fatto la sua parte, né sembra sia debitore di altro. Si commette ingiustizia solo quando o il padrone non paga l'intera mercede o l'operaio non presta tutta l'opera pattuita; e solo a tutela di questi diritti, e non per altre ragioni, è lecito l'intervento dello Stato[124].

A ciò il pontefice aggiungeva: «a questo ragionamento, un giusto estimatore delle cose non può consentire né facilmente né in tutto; perché esso non guarda la cosa sotto ogni aspetto»[125]. La conclusione cui giungeva Leone XIII non escludeva una qualche forma di libera contrattazione, ma subordinava, rigorosamente, questa ad alcuni criteri etici:

> l'operaio e il padrone allora formino pure di comune consenso il patto e nominatamente la quantità della mercede; vi entra però sempre un elemento di giustizia naturale, anteriore e superiore alla libera volontà dei contraenti, ed è che il quantitativo della mercede non deve essere inferiore al sostentamento dell'operaio, frugale si intende, e di retti costumi. Se costui, costretto dalla necessità o per timore di peggio, accetta patti più duri i quali, perché imposti dal proprietario o dall'imprenditore, volenti o nolenti debbono essere accettati, è chiaro che subisce una violenza, contro la quale la giustizia protesta[126].

---

123 Leone XIII, *Rerum novarum*, cit., n. 920.
124 *Ibidem*.
125 *Ibidem*.
126 *Ibidem*, n. 921.

Il pensiero cattolico, in materia di "giusto salario", ha una lunga tradizione benché tutt'altro che omogenea nelle conclusioni. Essa affonda le sue radici nella questione morale della determinazione del prezzo che ha impegnato molti teologi, dal Duecento sino alla tarda scolastica. La gran parte di questi (da Pietro Giovanni Olivi a Bernardino di Siena a Antonino di Firenze, da Juan de Mariana de la Reina a Luis de Molina a Juan de Lugo) si sono espressi contro la teoria del "giusto prezzo" e a favore della libera contrattazione, anticipando di secoli la cosiddetta "rivoluzione marginalista" di Menger, Jevons e Walras. Contro chi riteneva che prezzi e salari avessero un "valore" predeterminato ed oggettivo, le scuole teologiche, in netta prevalenza (quella francescana, quella domenicana, quella di Salamanca, quella gesuitica), affermavano il contrario e cioè che i prezzi (ma anche gli stessi salari) vadano stabiliti secondo quanto le parti intendono riconoscere in base alla mutevole desiderabilità.

A fronte di ciò, nella Chiesa è costantemente prevalsa la tesi contraria (incorrendo in ciò che gli economisti chiamano "paradosso del valore") che fa da sponda alla teoria del "valore-lavoro" (quella che ritiene di poter valutare un bene in base al costo di produzione ed innanzitutto in base al lavoro umano)[127].

Osserva il sacerdote americano Robert Sirico (1951–viv.): «è una sfortuna che Leone XIII non abbia delineato nella relazione tra salario *di mercato* e sistema dei prezzi la via economicamente più efficiente per assicurare un salario che garantisca la sussistenza dei lavoratori»[128] perché il miglioramento delle

---

127 Solo tardivamente Giovanni Paolo II ha riabilitato l'idea contraria quando ha parlato del giusto prezzo come qualcosa «stabilito di comune accordo mediante una libera trattativa» (GIOVANNI PAOLO II, *Centesimus annus*, cit., n. 32b).
128 ROBERT SIRICO, *Il personalismo economico e la società libera*, a cura di FLAVIO FELICE, Rubbettino, Soveria Mannelli (Catanzaro) 2001, p. 99

condizioni dei lavoratori viene raggiunto attraverso i meccanismi economici e non attraverso disposizioni che impongano un "giusto salario".

Una rilevantissima premessa (ma anche conseguenza) della valutazione etica del prezzo è nel modo con cui si considera il lavoro. Se esso è una merce, non vi è motivo di ritenere che non debba essere soggetto alla normale contrattazione tenendo, quindi, essenzialmente conto di tutte le situazioni storiche e personali[129]. Anche da questa impostazione *realistica* ha preso le distanze la Dottrina Sociale della Chiesa che, sin dall'enciclica di Leone XIII, ha escluso che il lavoro possa essere considerato una merce come le altre. Ugualmente, la quasi totalità degli intellettuali cattolici ha condiviso questa impostazione creando, però, uno iato con la scientificità economica[130].Una testimonianza che ben si addice al contesto del

---

[nostra sottolineatura].

129 Cfr. ALEJANDRO A. CHAFUEN, *Cristiani per la libertà. Radici cattoliche dell'economia di mercato*, introduzione di DARIO ANTISERI, Liberilibri, Macerata 2007, p. 178–183.

130 A tal proposito, va almeno ricordato un altro ed importante principio, implicitamente racchiuso nell'enciclica del 1891 e solo successivamente enunciato in modo esplicito dal magistero. Si tratta della priorità del lavoro sul capitale (cfr. MARIO TOSO, *Umanesimo sociale. Viaggio nella dottrina sociale della Chiesa e dintorni*, Libreria Ateneo Salesiano, Roma 2002, p. 181–184). In un paio di passi, Leone XIII sembrava mettere il capitale e il lavoro uno di fronte all'altro (cfr. LEONE XIII, *Rerum novarum*, cit., n. 864.910). Benché l'aspettativa dell'intero documento fosse concentrata nell'indicare la concordia come la strada per la soluzione alla "questione operaia" (cfr. LEONE XIII, *Rerum novarum*, cit., n. 891) e benché nel testo venisse, giustamente, affermato come «né il capitale può stare senza il lavoro, né il lavoro senza il capitale» (*Ibidem*), successivamente l'idea del primato del lavoro si è consolidata: «questo principio riguarda direttamente il processo stesso di produzione, in rapporto al quale il lavoro è sempre una causa efficiente primaria, mentre il "capitale", essendo l'insieme dei mezzi di produzione, rimane solo uno strumento o la causa strumentale» (GIOVANNI PAOLO II, Lettera enciclica *Laborem exercens* sul lavoro umano nel 90° anniversario della *Rerum novarum*, 14.9.1981, n. 12).

documento leoniano è quella di Georges Bernanos (1888–1948). Nel noto romanzo *Diario di un curato di campagna* (anno 1936), lo scrittore francese mette sulla bocca dell'anziano curato di Torcy, che si rivolge ad un giovane sacerdote, questo commosso ricordo:

> ... la famosa enciclica di Leone XIII, *Rerum novarum*, voi la leggete tranquillamente, con l'orlo delle ciglia, come una qualunque pastorale di quaresima. Alla sua epoca, piccolo mio, ci è parso di sentirci tremare la terra sotto i piedi. Quale entusiasmo! [...] Questa idea così semplice che il lavoro non è una merce, sottoposta alla legge dell'offerta e della domanda, che non si può speculare sui salari, sulla vita degli uomini come sul grano, lo zucchero e il caffè, metteva sottosopra le coscienze, lo credi? Per averla spiegata in cattedra alla mia buona gente son passato per un socialista e i contadini benpensanti mi hanno fatto mandare [via] in disgrazia. Essere in disgrazia non me ne infischiava, ma sul momento...[131].

Leone XIII certamente non avrebbe voluto essere mai scambiato per socialista, ma all'epoca non mancarono coloro che ritennero l'enciclica ambigua in troppi passi, tanto da giudicare l'insegnamento pontificio troppo sbilanciato[132]. La lettura critica che si dà, generalmente, oggi, è, invece, contraria. Si ritiene, cioè «che la *Rerum novarum* rimanga ancorata, anche se involontariamente e indirettamente, a un sistema economico liberista-capitalistico»[133]. L'accusa (come già ci è stato

---
131 GEORGES BERNANOS, *Diario di un curato di campagna*, Mondadori, Milano 1978, p. 82.
132 Cfr. ROCCO PEZZIMENTI, *La dottrina sociale della Chiesa nel quadro del pensiero sociale e politico moderno*, in «Angelicum», vol. 70 (1993), fasc. 2, p. 173.
133 Cfr. TOSO, *Welfare Society. La riforma del welfare: l'apporto dei pontefici*, cit., p. 67.

dato occasione di ricordare con la testimonianza di Oswald von Nell-Breuning) viene motivata fondamentalmente sulla base della strenua difesa del diritto naturale di proprietà. In realtà quella difesa, più che un avallo alle teorie liberali, sembra essere semplicemente un residuo di buon senso o, se si preferisce, un ovvio richiamo al diritto naturale[134], in un periodo in cui l'appello alla natura delle cose manteneva ancora una notevole autorevolezza.

Piuttosto, risulta radicato il pregiudizio che impediva a Leone XIII di cogliere tutti i benefici sociali da sempre posti in essere dal libero scambio e dall'economia di mercato. Il papa, non risparmiando critiche al capitalismo[135] (ridotto alla «cupidigia dei padroni e [ad] una sfrenata concorrenza»[136]), dimostrava di non comprendere il vero significato morale della libertà economica e il grande portato civilizzatore costituito dal dinamismo economico.

Nel commentare la Rerum novarum, uno storico dell'economia, il sacerdote anglo-canadese Anthony M. C. Waterman (1931–viv.), ha messo in luce la mancanza di comprensione dell'economia di mercato da parte di Leone XIII e dei suoi consiglieri e collaboratori[137]. Per quanto, nella letteratura, i limiti scientifici dell'enciclica, generalmente, siano stati poco attenzionati[138], ancora meno ciò è avvenuto all'interno del

---

134 Cfr. ENRIQUE COLOM COSTA, *La Dottrina Sociale della Chiesa come teologia morale nella "Rerum novarum"*, in «La Società», anno 1 (1991), n. 2, p. 140–143; cfr. MANLIO PAGANELLA, *La dottrina sociale della Chiesa e il diritto naturale*, Ares, Milano 2009, p. 57s.
135 Leone XIII, comunque, nell'enciclica, non adottò mai il termine "capitalismo" (ricorre, invece, la parola "capitalisti").
136 LEONE XIII, *Rerum novarum*, cit., n. 864.
137 Cfr. Anthony M. C. Waterman, *The Intellectual Context of 'Rerum novarum',* in «The Review of Social Economy», vol. 49 (1991), n. 4, winter, p. 465–482.
138 Non così in Murray N. Rothbard, *Readings on Ethics and Capitalism. Part I: Catholicism, Unpublished Memo to the Volker Fund*, May 1960, p. 2.

mondo cattolico. Pur tuttavia, in qualche circostanza, le obiezioni di alcuni osservatori cattolici sono state molto oculate. È il caso del gesuita James A. Sadowsky (1923–2012)[139] o del politologo Michael Novak (1933–2017)[140]. Ad essi va aggiunto Thomas E. Woods jr (1972–viv.) per il quale le lacune presenti nel documento di Leone XIII hanno fortemente ipotecato il successivo sviluppo della Dottrina Sociale della Chiesa: «per ben oltre un secolo, questa ignoranza ha determinato affermazioni pubbliche da parte di portavoce cattolici che non potevano non allontanare quanti conoscono i principi della scienza economica»[141].

2.5. Considerazioni conclusive

Per aver preso contestualmente le distanze sia dall'economia di concorrenza sia dall'economia di Stato – pur nel problematico contestuale riconoscimento dell'intangibilità del diritto di proprietà e della legittimità dell'intervento dello Stato – l'insegnamento della *Rerum novarum* si è spesso prestato ad essere inteso quale "terza via" tra i due grandi sistemi[142]. Ed è stata questa la percezione più diffusa anche all'interno della

---

139 Cfr. James A. Sadowsky, *Capitalism, Ethics, and Classical Catholic Doctrine*, in «This World», Autumn 1983, p. 116.
140 Cfr. Michael Novak, *L'etica cattolica e lo spirito del capitalismo*, Edizioni di Comunità, Milano 1999, p. 54–55.265–266; cfr. Michael Novak, *Lo spirito del capitalismo democratico e il cristianesimo*, presentazione di Angelo Tosato, Studium, Roma 1987, p. 326.
141 Thomas E. Woods jr., *La Chiesa e il mercato. Una difesa cattolica della libera economia*, Liberilibri, Macerata 2008, p. 76.
142 Cfr. Di Martino, *La Dottrina Sociale della Chiesa. Principi fondamentali*, cit., p. 47; cfr. Francesca Duchini, *Insegnamento sociale della Chiesa e problematica economica: da Leone XIII a Pio XII*, in Aa. Vv., *L'insegnamento sociale della Chiesa. Atti del 58° corso aggiornamento dell'Università Cattolica (settembre 1988)*, Vita e Pensiero, Milano 1988, p. 75–79; cfr. Novak, *Lo spirito del capitalismo democratico e il cristianesimo*, cit., p. 326; cfr. Toso, *Welfare Society. La riforma del welfare: l'apporto dei pontefici*, cit., p. 67.

Chiesa, ove si considerava la massa operaia simultaneamente «delusa da false teorie, [e] sfruttata da ingordi padroni»[143].

In questa *impasse* relativa all'elaborazione di un'ipotetica "terza via", la moderna Dottrina Sociale della Chiesa – che l'insegnamento di Leone XIII, per certi versi, inaugura – si troverà a dibattersi costantemente. Ciò è dovuto ad alcune cause rintracciabili anche nella *Rerum novarum*.

Innanzitutto la incapacità di distinguere tra liberalismo (o liberismo) e giacobinismo o, se si preferisce, tra liberalismo anglosassone[144] e liberalismo francese. Il secondo ferocemente anti-cristiano e statalista, il primo *naturalmente* religioso e anti-statalista. Accanto a ciò, la già menzionata insufficiente conoscenza scientifica dell'economia da parte di Leone XIII e degli estensori dell'enciclica. A queste lacune è, in buona misura, imputabile la diffidenza della Chiesa verso la libera economia di mercato e la fiducia riposta verso l'intervento dei poteri politici.

È stato spesso ripetuto che l'enciclica rappresenta un documento di avanguardia, un documento profetico rispetto ai mali che si sarebbero aggravati nella società. Anche a questo riguardo, però, vanno fatti notare alcuni ritardi che l'insegnamento contiene.

Il primo tra questi è in relazione alla cosiddetta "rivoluzione industriale". Piuttosto che anticipatore, il testo di Leone XIII è decisamente tardivo[145] perché porta la Chiesa a parlare, per la prima volta, della condizione degli operai (del socialismo – ad onor del vero – i documenti della Chiesa parlavano già da

---

143 Domenico Tardini, Introduzione a *La dottrina sociale cattolica nei documenti di Leone XIII*, AVE, Roma 1928, p. 14.
144 Né vanno trascurati pregiudizi nei confronti della cultura americana. Contro il cosiddetto "americanismo", cfr. Leone XIII, Epistola *Testem benevolentiae* sulla condanna dell'americanismo, 22.1.1899.
145 Cfr. Markus Krienke, *Giustizia sociale e carità. Il liberalismo della "Caritas in veritate"*, in «Rivista di Teologia di Lugano», anno 15 (2010), n. 1, p. 28.

quasi cinquant'anni) quando l'industrializzazione era avviata da tempo. Come dire: la Chiesa sembra accorgersi del processo di economia industriale quando questo è ormai nella sua seconda fase storica. Ciò è senz'altro dovuto alle prevalenti preoccupazioni di natura politica (rispetto a quelle più propriamente sociali) che distraevano l'attenzione della gerarchia cattolica[146] e che accompagnarono anche il pontificato di Leone XIII.

Un notevole ritardo l'enciclica manifesta anche rispetto alla straordinaria svolta impressa alla scienza economica dalla cosiddetta "rivoluzione marginalista" e cioè dal rivoluzionamento delle teorie economiche causato dalle opere di alcuni scienziati sociali – tra tutti il viennese Carl Menger (1840–1921) – i quali riportarono l'intero discorso economico nell'ambito delle scelte umane. In questo caso, in realtà, più che un ritardo, l'insegnamento pontificio rivelò un'assenza di conoscenza. Il marginalismo era stato proposto già da una ventina di anni, ma la *Rerum novarum* non ne fu affatto sfiorata, dando prova non solo di non comprendere i meccanismi del mercato, ma anche di rimanere totalmente estranea ad un paradigma scientifico che vorrebbe l'individuo al centro delle dinamiche sociali.

Nonostante tutto ciò, l'enciclica ebbe una larghissima diffusione e un'eco profonda sia all'interno della Chiesa sia nel dibattito nel mondo laico. Tra le ragioni di questo successo vi è certamente lo stesso contesto storico. Per non dilungarci, non abbiamo voluto soffermarci sul clima politico ed ecclesiale, culturale e teologico degli anni della seconda parte del pontificato (anche perché richiamato in ogni rievocazione della *Rerum novarum*[147]). Ma la fortuna dell'«immortale documento»

---

146 Cfr. Antonio Acerbi, *La Chiesa nel tempo. Sguardi sui progetti di relazioni tra Chiesa e società civile negli ultimi cento anni*, Vita e Pensiero, Milano 1979, p. 11–93.
147 Cfr. Giovanni Paolo II, *Centesimus annus*, cit., n. 4.

– come lo definirà sia Pio XI[148] sia Giovanni Paolo II[149] – è, in buona misura, dovuta al fatto che esso giunge al momento giusto. L'enciclica, infatti, raccogliendo un'eredità e rilanciando un nuovo impegno, operava una "sintesi" dell'intero movimento cattolico dell'epoca mettendo questo in relazione con gli scenari che si aprivano.

In questo modo, più o meno consapevolmente, Leone XIII calava la Chiesa in quelle "cose nuove", passando alla storia come papa innovatore. Tuttavia quest'immagine che gli viene sovente attribuita non considera che alle "cose nuove" il pontefice dava un significato tutt'altro che positivo e certamente foriero di rinnovate apprensioni: «*Rerum novarum cupiditas* – l'ardente brama di novità che da gran tempo ha cominciato ad agitare i popoli, doveva naturalmente dall'ordine politico passare nell'ordine simile dell'economia sociale»[150].

---

148 Pio XI, *Quadragesimo anno*, cit., n. 620.
149 Giovanni Paolo II, *Centesimus annus*, cit., n. 1.
150 Leone XIII, *Rerum novarum*, cit., n. 861.

Bibliografia

ACERBI, ANTONIO. *Chiesa e democrazia. Da Leone XIII al Vaticano II*. Vita e Pensiero, Milano 1991.

———. *La Chiesa nel tempo. Sguardi sui progetti di relazioni tra Chiesa e società civile negli ultimi cento anni*. Vita e Pensiero, Milano 1979.

AUBERT, JEAN-MARIE. *Teologia dell'epoca industriale*. Cittadella Editrice, Assisi (Perugia) 1971.

AUBERT, ROGER, *Leone XIII*. In FRANCESCO TRANIELLO - GIORGIO CAMPANINI (diretto da), *Dizionario storico del movimento cattolico in Italia*. Marietti, Casale Monferrato (Alessandria) 1982.

BAECHLER, JEAN. *Le origini del capitalismo*. Prefazione di Luigi MARCO BASSANI e ALBERTO MINGARDI. Istituto Bruno Leoni Libri, Torino 2015.

GUILHERME BARAÚNA (a cura di). *La Chiesa nel mondo di oggi. Studi e commenti intorno alla Costituzione pastorale* Gaudium et spes. Vallecchi, Firenze 1966.

BENEDETTO XVI. Lettera enciclica *Caritas in veritate* sullo sviluppo umano integrale. 29.6.2009.

———. Lettera enciclica *Deus caritas est* sull'amore cristiano. 25.12.2005.

BERNANOS, GEORGES. *Diario di un curato di campagna*. Mondadori, Milano 1978.

BLOMBERG, CRAIG L. *Neither Poverty Nor Riches: A Biblical Theology of Possessions*. Intervarsity Press, Downers Grove (Illinois) 1999.

BOOTH, PHILIP (a cura di). *Dottrina sociale cattolica ed economia di mercato*. Premessa di John Kennedy, prefazione di Leonard P. Liggio, presentazione di Aldo Maria Valli. Liberilibri, Macerata 2016.

CAMPANINI, GIORGIO. *Il contesto storico-culturale del Concilio Vaticano II*. In «Rassegna di Teologia», anno 28 (1987), n. 3 (maggio-giugno).

———. *La "Rerum novarum" come punto di svolta nel rapporto fra Chiesa e modernità*. In «La Società», anno 1 (1991), n. 2.

CANDELORO, GIORGIO. *Storia dell'Italia moderna. Volume VI. Lo sviluppo del capitalismo e del movimento operaio (1871-1896)*. Feltrinelli, Milano 1990.

CHAFUEN, ALEJANDRO A. *Cristiani per la libertà. Radici cattoliche dell'economia di mercato*. Introduzione di DARIO ANTISERI. Liberilibri, Macerata 2007.

COLOMBATTO, ENRICO. *L'economia di cui nessuno parla. Mercati, morale e intervento pubblico*. Istituto Bruno Leoni Libri, Torino 2014.

COSTA, ENRIQUE COLOM. *La Dottrina Sociale della Chiesa come teologia morale nella "Rerum novarum"*. In «La Società», anno 1 (1991).

DE LAUBIER, PATRICK. *Il pensiero sociale della Chiesa Cattolica. Una storia di idee da Leone XIII a Giovanni Paolo II*. Massimo, Milano 1986.

DEL NOCE, AUGUSTO. *Pensiero della Chiesa e filosofia contemporanea. Leone XIII, Paolo VI, Giovanni Paolo II*. A cura di LEONARDO SANTORSOLA. Studium, Roma 2005

DE MATTEI, ROBERTO. *Il ralliement di Leone XIII. Il fallimento di un progetto pastorale*. Le Lettere, Firenze 2014.

DE ROSA, GABRIELE. *Il movimento cattolico in Italia. Dalla Restaurazione all'età giolittiana*. Laterza, Bari 1988.

DI MARTINO, BENIAMINO. *La Dottrina Sociale della Chiesa. Principi fondamentali*. Nerbini, Firenze 2016.

———. *La Dottrina Sociale della Chiesa. Sviluppo storico*. Monolateral, Dallas (Texas) 2017.

———. *Note sulla proprietà privata*. Prefazione di CARLO LOTTIERI, appendice di GUGLIELMO PIOMBINI. Longobardi Editore, Castellammare di Stabia (Napoli) 2009.

DUCHINI, FRANCESCA. *Insegnamento sociale della Chiesa e problematica economica: da Leone XIII a Pio XII*. In AA. VV., *L'insegnamento sociale della Chiesa. Atti del 58° corso aggiornamento dell'Università Cattolica (settembre 1988)*. Vita e Pensiero, Milano 1988.

Enchiridion delle encicliche/2. Gregorio XVI, Pio IX (1831-1878). Edizioni Dehoniane, Bologna 2002.

Enchiridion delle encicliche/3. Leone XIII (1878-1903). Edizioni Dehoniane, Bologna 1999.
Enchiridion delle encicliche/5. Pio XI (1922-1939). Edizioni Dehoniane, Bologna 1995.
Enchiridion delle encicliche/7. Giovanni XXIII, Paolo VI (1958-1978). Edizioni Dehoniane, Bologna 1994.
Enciclica "Aeterni Patris" di Leone XIII. 1878-1978. Presentazione di Sofia Vanni Rovighi. Vita e Pensiero, Milano 1979.
ENGELS, FRIEDRICH. *Socialism: Utopian and Scientific*. Trans. EDWARD AVELING. Charles H. Kerr & Company, Chicago (Illinois) 1918.
———. *The Origin of the Family, Private Property and the State*. International, New York (N. Y.) 1972.
FRIEDMAN, MILTON. *Capitalism and Freedom*. University of Chicago Press, Chicago (Illinois) 1962.
FUKUYAMA, FRANCIS. *The Origins of Political Order: From Prehuman Times to the French Revolution*. Farrar, Straus and Giroux, New York (N. Y.) 2011.
GEWIRTH, ALAN. *Are There any Absolute Rights?*. In «Philosophical Quarterly», January, 1981, vol. 31, n. 122.
GILSON, ÉTIENNE. *Le Philosophe et la Théologie*. Fayard, Paris 1960.
GIOVANNI PAOLO II. Lettera enciclica *Centesimus annus* nel centenario della *Rerum novarum*. 1.5.1991.
———. Lettera enciclica *Laborem exercens* sul lavoro umano nel 90° anniversario della *Rerum novarum*. 14.9.1981.
———. Lettera enciclica *Sollicitudo rei socialis* nel ventesimo anniversario della *Populorum progressio*. 30.12.1987.
GRASSL, WOLFGANG. *Property*. Acton Institute, Grand Rapids (Michigan) 2012.
HAYEK, FRIEDRICH A VON (a cura di). *Il capitalismo e gli storici*. Presentazione di ROSARIO ROMEO. Bonacci, Roma 1991.
———. *La società libera*. Prefazione di LORENZO INFANTINO, con scritti di SERGIO RICOSSA. Rubbettino, Soveria Mannelli (Catanzaro) 2011.
———. *L'abuso della ragione*. Prefazione di DARIO ANTISERI. Rubbettino, Soveria Mannelli (Catanzaro) 2008.

INTROVIGNE, MASSIMO. *Cento anni fa la "Immortale Dei"*. In «Cristianità», anno 13 (1985), n. 127-128.

———. *La dottrina sociale di Leone XIII*. Fede & Cultura, Verona 2010.

KRIENKE, MARKUS. *Giustizia sociale e carità. Il liberalismo della "Caritas in veritate"*. In «Rivista di Teologia di Lugano», anno 15 (2010).

LEONE XIII. Lettera apostolica *Annum ingressi (Vigesimo quinto anno)* nel venticinquesimo anniversario di assunzione al Pontificato, 19.3.1902.

———. Epistola *Testem benevolentiae* sulla condanna dell'americanismo. 22.1.1899.

LINDSLEY, ART. *Does Acts 2-5 Teach Socialism?* McLean, Virginia, Institute for Faith, Work, and Economics 2012.

LUPPI, SERGIO. *La "Aeterni Patris" e la battaglia delle idee*. In «Cristianità», anno 7 (1979), n. 55 (novembre).

MACLEOD, ADAM J. *Property and Practical Reason*. Cambridge University Press, Cambridge 2015.

MAVRONICOLA, NATASA. *Human Rights*. In «Law Review», Oxford University Press, 30 November 2012.

METTE, NORBERT. *Socialismo e capitalismo nella dottrina sociale dei papi*. In «Concilium», anno 27 (1991), n. 5.

MISES, LUDWIG VON. *Politica economica. Riflessioni per oggi e per domani*. Introduzione di LORENZO INFANTINO. Liberilibri, Macerata 2007.

———. *Socialism*. Trad. J. KAHANE. Yale University Press, New Haven (Connecticut) 1950.

———. *Socialismo. Analisi economica e sociologica*. A cura di DARIO ANTISERI. Rusconi, Milano 1990.

NELL-BREUNING, OSWALD VON. *Soziallehre der Kirche. Erläuterungen der lehramtlichen Dokumente*. Europa Verlag, Wien 1977.

NEWMAN, JOHN HENRY. *An Essay on the Development of Christian Doctrine*. 1845.

NOVAK, MICHAEL. *Lo spirito del capitalismo democratico e il cristianesimo*. Presentazione di ANGELO TOSATO. Studium, Roma 1987.

―――. *L'etica cattolica e lo spirito del capitalismo*. Edizioni di Comunità, Milano 1999.
PAGANELLA, MANLIO. *La dottrina sociale della Chiesa e il diritto naturale*. Ares, Milano 2009.
PAOLO VI. Lettera apostolica *Octogesima adveniens* per l'LXXX anniversario della *Rerum novarum*. 14.5.1971.
PEZZIMENTI, ROCCO. *La dottrina sociale della Chiesa nel quadro del pensiero sociale e politico moderno*. In «Angelicum», vol. 70 (1993).
PONTIFICIO CONSIGLIO DELLA GIUSTIZIA E DELLA PACE. *Compendio della Dottrina Sociale della Chiesa*. Libreria Editrice Vaticana, Città del Vaticano 2004.
RAICO, RALPH. *La storia del liberalismo e della libertà occidentale*. IBL Occasional Paper n. 1. Istituto Bruno Leoni, Torino 2004.
REEVE, ANDREW. *Property*. Humanities Press International, Atlantic Highlands (New Jersey) 1986.
ROTHBARD, MURRAY N. *An Austrian Perspective on the History of Economic Thought. Volume II. Classical Economics*. Ludwig von Mises Institute, Auburn (Alabama) 2006.
―――. *L'etica della libertà*. Introduzione di LUIGI MARCO BASSANI. Liberilibri, Macerata 2000.
―――. *Readings on Ethics and Capitalism. Part I: Catholicism*. Unpublished Memo to the Volker Fund. May 1960.
SADOWSKY, JAMES A. *Capitalism, Ethics, and Classical Catholic Doctrine*. In «This World», Autumn 1983.
SCOPPOLA, PIETRO. *Dal neoguelfismo alla democrazia cristiana*. Studium, Roma 1979.
SIRICO, ROBERT A. *Defending the Free Market. The Moral Case for a Free Economy*. Regnery Publishing, Washington D.C. 2012.
―――. *The Entrepreneurial Vocation*. Acton Institute, Grand Rapid (Michigan) 2001.
―――. *Il personalismo economico e la società libera*. A cura di FLAVIO FELICE. Rubbettino, Soveria Mannelli (Catanzaro) 2001.
―――. *La Vocazione Imprenditoriale*. Istituto Acton, Roma 2008.
SLACK, PAUL. *The English Poor Law, 1531-1782*. Macmillan, London 1990.

SOMIN, ILYA. *The Grasping Hand: Kelo v. City of New London and the Limits of Eminent Domain*. University of Chicago Press, Chicago (Illinois) 2015.

TARDINI, DOMENICO. *Introduzione a La dottrina sociale cattolica nei documenti di Leone XIII*. AVE, Roma 1928.

TOSO, MARIO. *Umanesimo sociale. Viaggio nella dottrina sociale della Chiesa e dintorni*. Libreria Ateneo Salesiano, Roma 2002.

–––. *Welfare Society. La riforma del welfare: l'apporto dei pontefici*. Libreria Ateneo Salesiano, Roma 2003.

WATERMAN, ANTHONY M. C. *The Intellectual Context of 'Rerum novarum'*. In «The Review of Social Economy», vol. 49 (1991), n. 4, winter.

WOODS JR., THOMAS E. *La Chiesa e il mercato. Una difesa cattolica della libera economia*. Liberilibri, Macerata 2008.

Indice analitico

Aeterni patris 14
anticlericalismo 30, 30n18
Antonino di Firenze 57
arbitrio, libero 34
Arcanum divinae sapientiae 27
  e il socialismo 41
  e la famiglia 41
autorità civile. *Si veda:* socialismo; *Quod apostolici muneris*

bene comune 13, 13n7, 19
Bernanos, Georges 59
Bernardino di Siena 57

Capitalism and the Historians 54
capitalismo 21, 32, 54, 60
  sovraposto col giacobinismo 33
Caritas in veritate 53
Centesimus annus 53
Chiesa cattolica 30–32, 43, 45, 47, 49–52, 54, 57–8, 61–3. *Si veda anche:* liberalismo
  e la proprietà 19
  e la proprietà privata 10, 13–15, 17
  e lo Stato 16, 20, 36
  la cura dei mali del mondo 26
  pregiudizio contro la libertà 33, 35–7
  proprietà e libertà economica 20

collettivismo 32
Concilio Vaticano II 18

Dall'alto dell'apostolico seggio 48
Decalogo 11–12
Del Noce, Augusto 27
Deus caritas est 53
Diario di un curato di campagna 59
Dignitatis humanae 16, 18
diritti umani 17
Diuturnum illud 27, 42, 45
Dottrina Sociale 47, 49, 51, 58, 61–2
  in contrasto al liberalism e al socialismo 32
  pregiudizio contro il liberalismo 33
  relazione alla libertà 34
Dum multa 25

egalitarismo. *Si veda anche: Quod apostolici muneris; Rerum novarum*
  e il liberalismo 40
  e il socialismo 40
Engels, Friedrich 21–2, 40
esproprio 18

famiglia. *Si veda:* proprietà; *Quod apostolici muneris; Arcanum divinae sapientiae*
fioritura umana 10, 18, 23

giacobinismo 33, 37–8, 62

Gilson, Étienne 28
giustizia 9, 48, 50, 55–6
giustizia sociale 50

Hayek, Friedrich A. von 37–8, 54
Humanus genus 27

Immortale Dei 27, 34–5, 38, 43, 45–6
 e il liberalismo 40
Inscrutabili Dei consilio 25, 29

kulturkampf 30

Laborem exercens 53
legge naturale 9–10, 14
liberalismo 32, 62. *Si veda anche:* Chiesa cattolica
 e il giacobinismo 37
 e il razionalismo/naturalismo 38
 e libertà morale 37
 frainteso nelle encicliche 39
 il contrario della violenza 37
 in senso magisteriale 33
libertà economica 17–19, 33, 60
 della Chiesa 20, 23
libertà morale 34, 37
libertà naturale 34–5, 37
 e la 'libertà ibrida' 36
libertà religiosa 16–18, 21
 di culto 20, 22–3
 e la proprietà 19

Libertas praestantissimum 26, 33–4
 e il liberalismo 39
licenze professionali 18
Lugo, Juan de 57

Manifesto del Partito Comunista 40
Mariana de la Reina, Juan de 57
massoneria 27, 27n6, 30n18, 42n67, 48n86
Mater et magistra 53
matrimonio 20, 22, 27, 27n6, 41, 41n62
Menger, Carl 57, 63
mercati 15, 33, 55, 57, 60, 62–3
Mises, Ludwig von 22, 49
Molina, Luis de 57

Nell-Breuning, Oswald von 49, 60
Newman, John Henry 10

Octogesima adveniens 53
Olivi, Pietro Giovanni 57
Owen, Robert 22

Pio XI 26, 49, 53
Poor Laws 15
prezzi 11, 57–8
proprietà 19–20, 23, 37, 60
 basi religiose e morali 10–11
 comune 12–13, 13n8

diritto a 10, 14, 16–18,
   47–9, 61
  e il cristianesimo 12
  e il giudaismo 11–12
  e i poveri 13
  e i precetti divini 48
  e la destinazione universale
   dei beni 13, 17, 45, 49
  e la famiglia 15, 21–2
  e la persona 10–11
  e la società 10–11, 16
  individuale 32, 42
  privata 9–17, 21–2, 41,
   47–50
  valore strumentale 10

Quadragesimo anno 49, 53
questione
  operaia 27, 32, 40, 46
  salariale 32, 51
  sociale 51–63
Quod apostolici muneris 27
  e il socialismo 39, 41
  e la famiglia 41–2
  e la proprietà 41–4, 47–50
  e l'authorità civile 41–9
  e l'egalitarismo 40

razionalismo 38
Riforma Protestante 16
rivoluzione industriale 54, 62
Rothbard, Murray N. 37

Sapientiae christianae 27, 40,
   43–4
scambio 11, 13, 36, 60

Scoppola, Pietro 30
Sirico, p. Robert 57
socialismo. *Si veda anche:*
  egalitarismo; *Quod
  apostolici muneris*;
  Arcanum divinae sapientiae
  e la famiglia 41
  e la proprietà 41–4, 47–50
  e l'authorità 41–9
  rivoluzione marginalista 57,
   63
Somin, Ilya 18
sovvertimento e restaurazione,
  ordine sociale 28–9, 42, 47
Stato 36, 39, 44–7, 50–51, 56,
   61. *Si veda anche:* Chiesa
   cattolica
  assistenziale 16
  e il potere 15
  e la persona 11
  e le comunità religiose 15
  e l'esproprio 18
  e licenze
   professionali 19, 21

Tomaso d'Aquino, san 12–14,
   22, 28

virtù 12–13, 36

Woods, Thomas E. 61

Note Biografiche

ROBERT A. SIRICO

Dopo gli studi universitari presso l'University of Southern California e l'University of London Padre Robert Sirico ha conseguito il titolo di Master of Divinity presso la Catholic University of America. Durante i suoi studi e all'inizio del suo ministero sacerdotale, ha sperimentato una preoccupazione sempre maggiore per la mancanza di formazione di principi economici fondamentali di coloro che si dedicavano agli studi religiosi, i quali restavano poco preparati per comprendere e affrontare i problemi sociali di oggi. Queste preoccupazioni hanno portato Padre Sirico a co-fondare l'Acton Institute insieme a Kris Alan Mauren nel 1990. Come presidente dell'Acton Institute, Padre Sirico ha tenuto conferenze presso scuole, università e organizzazioni imprenditoriali negli Stati Uniti e in altre nazioni. I suoi scritti su questioni religiose, politiche, economiche, sociali sono pubblicati su molteplici riviste e quotidiani, tra cui: *New York Times, Wall Street Journal, Forbes, London Financial Times, Washington Times, Detroit News* e *National Review*. Padre Sirico è spesso interpellato da trasmissioni televisive e radiofoniche per dichiarazioni riguardanti l'economia, i diritti civili e questioni religiose, ha anche rilasciato commenti per: CNN, ABC, BBC, NPR, nonché per la trasmissione *60 Minutes* della CBS e per altre emittenti. Padre Sirico ha la doppia cittadinanza, italiana e americana ed ha pubblicato diverse monografie e libri. È autore di *Defending the Free Market: A Moral Case for the Free Economy* (Regnery, 2012).

Note Biografiche

BENIAMINO DI MARTINO

Beniamino Di Martino (www.BeniaminoDiMartino.it) è sacerdote della diocesi di Sorrento-Castellammare (in provincia di Napoli). È direttore di «StoriaLibera. Rivista di scienze storiche e sociali» (www.StoriaLibera.it) ed insegna Dottrina Sociale della Chiesa. Tra le sue pubblicazioni: *Note sulla proprietà privata* (2009), *Il volto dello Stato del Benessere* (2013), *I progetti di De Gasperi, Dossetti e Pio XII* (2014), *Rivoluzione del 1789. La cerniera della modernità politica e sociale* (2015), *Benedetto XIII nella "Storia dei Papi" di Ludwig von Pastor* (2015), *Povertà e ricchezza. Esegesi dei testi evangelici* (2016), *La Prima Guerra Mondiale come effetto dello "Stato totale". L'interpretazione della Scuola Austriaca di economia* (2016), *La Dottrina Sociale della Chiesa. Principi fondamentali* (2016), *"Conceived in liberty". La contro-rivoluzione americana del 1776* (2016), *La virtù della povertà. Cristo e il cristiano dinanzi ai beni materiali* (2017), *Stato di diritto. Divisione dei poteri. Diritti dell'uomo. Un confronto tra dottrina cattolica e pensiero libertario* (2017), *La Dottrina Sociale della Chiesa. Sviluppo storico* (2017), e *La Grande Guerra (1914-1918). Stato onnipotente e catastrofe della civiltà* (2018).

www.ingramcontent.com/pod-product-compliance
Lightning Source LLC
Chambersburg PA
CBHW021158080526
44588CB00008B/396